中國文化二十四品

道生

中国文化二十四品

饶宗颐 叶嘉莹 顾问

陈洪 徐兴无 主编

艺舟双楫

丹青与墨韵

曹小鸥 陈彦青 著

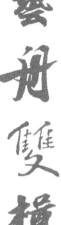

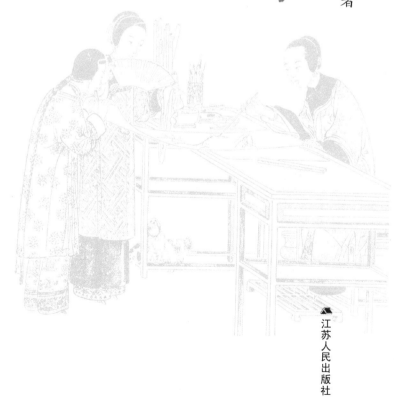

江苏人民出版社

图书在版编目（ＣＩＰ）数据

艺舟双楫：丹青与墨韵 / 曹小鸥，陈彦青著． --
南京：江苏人民出版社，2017.1
（中国文化二十四品）
ISBN 978-7-214-17529-8

Ⅰ．①艺… Ⅱ．①曹… ②陈… Ⅲ．①书画艺术－中
国 Ⅳ．①J212

中国版本图书馆CIP数据核字(2016)第057844号

书　　　名	艺舟双楫——丹青与墨韵	
著　　　者	曹小鸥　陈彦青	
责 任 编 辑	王翔宇	
责 任 校 对	鲁从阳	
装 帧 设 计	刘葶葶　张大鲁	
出 版 发 行	凤凰出版传媒股份有限公司	
	江苏人民出版社	
出版社地址	南京市湖南路1号A楼，邮编：210009	
出版社网址	http://www.jspph.com	
经　　　销	凤凰出版传媒股份有限公司	
照　　　排	南京凯建图文制作有限公司	
印　　　刷	江苏凤凰新华印务有限公司	
开　　　本	652毫米×960毫米　1/16	
印　　　张	11.5　插页3	
字　　　数	129千字	
版　　　次	2017年1月第1版　2017年3月第2次印刷	
标 准 书 号	ISBN 978-7-214-17529-8	
定　　　价	27.00元	

（江苏人民出版社图书凡印装错误可向承印厂调换）

编委会名单

总　序

陈　洪　徐兴无

　　我们生活在文化之中，"文化"两个字是挂在嘴边上的词语，可是真要让我们说清楚文化是什么，可能就会含糊其词、吞吞吐吐了。这不怪我们，据说学术界也有 160 多种关于文化的定义。定义多，不意味着人们的思想混乱，而是文化的内涵太丰富，一言难尽。1871 年，英国文化人类学家爱德华·泰勒的《原始文化》中给出了一个定义："文化，或文明，就其广泛的民族学意义上来说，是包含全部的知识、信仰、艺术、道德、法律、风俗，以及作为社会成员的人所掌握和接受的任何其他的才能和习惯的复合体。"[①]其实，所谓"文化"，是相对于所谓"自然"而言的，在中国古代的观念里，自然属于"天"，文化属于"人"，只要是人类的活动及其成果，都可以归结为文化。孔子说："饮食男女，人之大欲存焉。"[②]在这种自然欲望的驱动下，人类的活动与创造不外乎两类：生产与生殖；目标只有两个：生存与发展。但是人的生殖与生产不再是自然意义上的物种延续与食物摄取，人类生产出物质财富与精神财富，不再靠天吃饭，人不仅传递、交换基因和大自然赋予的本能，还传承、交流文化知识、智慧、情感与信仰，于是人种的繁殖与延续也成了文化的延续。

　　所以，文化根源于人类的创造能力，文化使人类摆脱了

---

　　① ［英］爱德华·泰勒：《原始文化》，连树声译，谢继胜、尹虎彬、姜德顺校，广西师范大学出版社，2005 年，第 1 页。
　　② 《礼记·礼运》。

自然,创造出一个属于自己的世界,让自己如鱼得水一样地生活于其中,每一个生长在人群中的人都是有文化的人,并且凭借我们的文化与自然界进行交换,利用自然、改变自然。

由于文化存在于永不停息的人类活动之中,所以人类的文化是丰富多彩、不断变化的。不同的文化有不同的方向、不同的特质、不同的形式。因为有这些差异,有的文化衰落了甚至消失了,有的文化自我更新了,人们甚至认为:"文化"这个术语与其说是名词,不如说是动词。[①] 本世纪初联合国发布的《世界文化报告》中说,随着全球化的进程和信息技术的革命,"文化再也不是以前人们所认为的是个静止不变的、封闭的、固定的集装箱。文化实际上变成了通过媒体和国际因特网在全球进行交流的跨越分界的创造。我们现在必须把文化看作一个过程,而不是一个已经完成的产品"[②]。

知道文化是什么之后,还要了解一下文化观,也就是人们对文化的认识与态度。文化观首先要回答下面的问题:我们的文化是从哪里来的? 不同的民族、宗教、文化共同体中的人们的看法异彩纷呈,但自古以来,人类有一个共同的信仰,那就是:文化不是我们这些平凡的人创造的。

有的认为是神赐予的,比如古希腊神话中,神的后裔普罗米修斯不仅造了人,而且教会人类认识天文地理、制造舟车、掌握文字,还给人类盗来了文明的火种。代表希伯来文化的《旧约》中,上帝用了一个星期创造世界,在第六天按照自己的样子创造了人类,并教会人们获得食物的方法,赋予人类管理世界的文化使命。

---

① 参见[荷兰]C. A. 冯·皮尔森:《文化战略》,刘利圭等译,中国社会科学出版社,1992 年,第 2 页。

② 联合国教科文组织编:《世界文化报告——文化的多样性、冲突与多元共存》,关世杰等译,北京大学出版社,2002 年,第 9 页。

有的认为是圣人创造的,这方面,中国古代文化堪称代表:火是燧人氏发现的,八卦是伏羲画的,舟车是黄帝造的,文字是仓颉造的……不过圣人创造文化不是凭空想出来的,而是受到天地万物和自我身体的启示,中国古老的《易经》里说古代圣人造物的方法是:"仰则观象于天,俯则观法于地,观鸟兽之文与地之宜,近取诸身,远取诸物。"《易经》最早给出了中国的"文化"和"文明"的定义:"刚柔交错,天文也。文明以止,人文也。观乎天文,以察时变;观乎人文,以化成天下。"文指文采、纹理,引申为文饰与秩序。因为有刚、柔两种力量的交会作用,宇宙摆脱了混沌无序,于是有了天文。天文焕发出的光明被人类效法取用,于是摆脱了野蛮,有了人文。圣人通过观察天文,预知自然的变化;通过观察人文,教化人类社会。《易经》还告诉我们:"一阴一阳之谓道,继之者善也,成之者性也。仁者见之谓之仁,知者见之谓之知。"宇宙自然中存在、运行着"道",其中包含着阴阳两种动力,它们就像男人和女人生育子女一样不断化生着万事万物,赋予事物种种本性,只有圣人、君子们才能受到"道"的启发,从中见仁见智,这种觉悟和意识相当于我们现代文化学理论中所谓的"文化自觉"。

为什么圣人能够这样呢?因为我们这些平凡的百姓不具备"文化自觉"的意识,身在道中却不知道。所以《易经》感慨道:"百姓日用而不知,故君子之道鲜矣。"什么是"君子之道鲜"?"鲜"就是少,指的是文化不昌明,因此必须等待圣人来启蒙教化百姓。中国文化中的文化使命是由圣贤来承担的,所以孟子说,上天生育人民,让其中的"先知觉后知""先觉觉后觉"[①]。

---

① 《孟子·万章》。

无论文化是神灵赐予的还是圣人创造的,都是崇高神圣的,因此每个文化共同体的人们都会认同、赞美自己的文化,以自己的文化价值观看待自然、社会和自我,调节个人心灵与环境的关系,养成和谐的行为方式。

　　中国现在正处在一个喜欢谈论文化的时代。平民百姓关注茶文化、酒文化、美食文化、养生文化,说明我们希望为平凡的日常生活寻找一些价值与意义。社会、国家关注政治文化、道德文化、风俗文化、传统文化、文化传承与创新,提倡发扬优秀的传统文化,说明我们希望为国家和民族寻求精神力量与发展方向。神和圣人统治、教化天下的时代已经成为历史,只有我们这些平凡的百姓都有了"文化自觉",认识到我们每个人都是文化的继承者和创造者,整个社会和国家才能拥有"文化自信"。

　　不过,我们越是在摆脱"百姓日用而不知"的"文化蒙昧"时代,就越是要反思我们的"文化自觉",因为"文化自觉"是很难达到的境界。喜欢谈论文化,懂点文化,或者有了"文化意识"就能有"文化自觉"吗?答案是否定的。比如我们常常表现出"文化自大"或者"文化自卑"两种文化意识,为什么会这样呢?因为我们不可能生活在单一不变的文化之中,从古到今,中国文化不断地与其他文化邂逅、对话、冲突、融合;我们生活在其中的中国文化不仅不再是古代的文化,而且不停地在变革着。此时我们或者会受到自身文化的局限,或者会受到其他文化的左右,产生错误的文化意识。子在川上曰:"逝者如斯夫。"流水如此,文化也如此。对于中国文化的主流和脉络,我们不仅要有"春江水暖鸭先知"一般的亲切体会和细微察觉,还要像孔子那样站在岸上观察,用人类历史长河的时间坐标和全球多元文化的空间坐标定位中国文化,才能获得超越的眼光和客观真实的知识,增强与其他文化交

流、借鉴、融合的能力,增强变革、创新自己的文化的能力,这也叫做"文化自主"的能力。中国当代社会人类学家费孝通先生说:

> "文化自觉"是当今时代的要求,它指的是生活在一定文化中的人对其文化有自知之明,并对其发展历程和未来有充分的认识。也许可以说,文化自觉就是在全球范围内提倡"和而不同"的文化观的一种具体体现。希望中国文化在对全球化潮流的回应中能够继往开来,大有作为。①

因为要具备"文化自觉"的意识、树立"文化自信"的心态、增强"文化自主"的能力,所以,我们这些平凡的百姓需要不断地了解自己的文化,进而了解他人的文化。

中国文化是我们自己的文化,它博大精深,但也不是不得其门而入。为此,我们这些学人们集合到一起,共同编写了这套有关中国文化的通识丛书,向读者介绍中国文化的发展历程、特征、物质成就、制度文明和精神文明等主要知识,在介绍的同时,帮助读者选读一些有关中国文化的经典资料。在这里我们特别感谢饶宗颐和叶嘉莹两位大师前辈的指导与支持,他们还担任了本丛书的顾问。

中国文化崇尚"天人合一",中国人写书也有"究天人之际,通古今之变"的理想,甚至将书中的内容按照宇宙的秩序罗列,比如中国古代的《周礼》设计国家制度,按照时空秩序分为"天地春夏秋冬"六大官僚系统;吕不韦编写《吕氏春

---

① 费孝通:《经济全球化和中国"三级两跳"中的文化思考》,《光明日报》2000年11月7日。

秋》，按照一年十二月为序，编为《十二纪》；唐代司空图写作《诗品》品评中国的诗歌风格，又称《二十四诗品》，因为一年有二十四个节气。我们这套丛书，虽不能穷尽中国文化的内容，但希望能体现中国文化的趣味，于是借用了"二十四品"的雅号，奉献一组中国文化的小品，相信读者一定能够以小知大，由浅入深，如古人所说："尝一脔肉，而知一镬之味，一鼎之调。"

2015 年 7 月

目　录

书画同源

　　说起中国书画艺术，自然要探究其源头。然我们常说"书画同源"，却不是因为巧合，而是与上古时期"文"的出现形式，以及后世生成出来的中国传统书写工具——毛笔有关。我们知道，在古汉语中，"文"与"纹"相通：首先，它表示了一种动作，比如"书写"或者"镌刻"；其次，它也表示某种形状，比如"文字"或者"纹饰"。正是这些早期的、简单的、由各种人为痕迹逐渐发展成的符号，即中国古代典籍上所记录的多种有关汉字的起源论说——"结绳""八卦""图画""书契"等，最终成就了中国的书画同源。所以，汉文字的起源及形态的最终定型，与后来的中国书法艺术和绘画艺术的发展关系密切，而其中有关线条运用的要领和相关法则，则最终成为中国书画传统的精髓。

仓颉造字

　　关于中国文字的起源,历史上有多种说法,一般情况下主要是根据历代典籍的记载和后世出土文物的论证来推断。古代学者多主张汉字的"八卦"起源说,比如汉代孔安国、宋代郑樵等,现代学者则有持"原始图画"起源的说法,郭沫若先生就认为,汉字起源于西安半坡遗址中那些出土的陶器上具有代表性意义的刻画图案和符号。虽然,时至今日,汉字到底是如何生成的仍然没有结论,但我们可以肯定的是,"八卦"和"图画"与更古老的"结绳""书契"一样,应该都是远古先民在文字出现前的记事手段和形式,也就是说,它们都是创造汉文字的诱因和基础,是构成汉文字的某种元素,它们之间也许前后跟进,也有可能同时并存,所以,多多少少都是我们汉文字中的基因成分。

当然,自古以来关于汉文字起源的描述总是与"仓颉造字"有关,类似的叙述在许多古代典籍中都有出现,比如,先秦时期史官修撰的《世本·作篇》记载:"沮诵、仓颉作书。"先秦杂家著作《鹖冠子·近迭》中说:"鹖冠子曰:'仓颉作法,书成甲子成史李官。'"战国末年由秦国丞相吕不韦的门客集体编撰的杂家著作《吕氏春秋·君守》则说:"奚仲作车,仓颉作书,后稷作稼。皋陶作刑,昆吾作陶,夏鲧作城。"秦朝李斯所著教科书《仓颉篇》中说:"仓颉作书,以教后诣。"西汉杂书《淮南子·修务训》说:"史皇产而能书。"《淮南子·本经训》中又记载:"昔者仓颉作书,而天雨粟,鬼夜哭。"西汉末年纬书《春秋元命苞》中描述仓颉为"生而能书,又受河图洛书,于是穷天地之变,仰视奎星圜曲之势,俯察鱼文鸟羽,山川指掌,而创文字"。东汉许慎的《说文解字》序中说:"仓颉之初作书,盖依类象形,故谓之文;其后形声相益,即谓之字。"三国西晋学人皇甫谧著《帝王世纪》中说,黄帝"其史仓颉,又取象鸟迹,始作文字。史官之作,盖自此始。记其言行,策而藏之,名曰书契"。北宋刘恕所撰《资治通鉴外纪》说:"黄帝命仓颉为左史,制字,使天下义理必归文字。"元末明初陶宗仪的《书史会要·三皇》说:"仓颉,黄帝史也,亦曰皇颉,姓侯刚氏,首四目,通于神明。仰观奎星圆曲之势,俯察龟文鸟迹之象,广伏羲之文,造六书,是为古文。"等等。

纵观这些文字,似乎都将仓颉造字记录得颇为神奇,但事实上,正如鲁迅先生在《门外文谈》一文中所言:"在社会里,仓颉也不止一个,有的在刀柄上刻一点图,有的在门户上画一些画,心心相印,口口相传,文字就多起来。"《荀子·解蔽》亦曰:"好书者众矣,而仓颉独传者,一也。"章太炎《造字缘起说》讲到:"仓颉以前,已先有造书者,夫人具四肢官骸,常动持耑画也,便已纵横成象,用为符号,百姓与能,自不待仓颉也。"又曰:"一二三诸文,横之纵之,本无定也;马牛鱼鸟诸形,势则卧起飞伏,皆可则象也;体则鳞羽毛鬣,皆可增减也;字各异形,则不足以合契。仓颉者盖始整齐划一,下笔不容增损,由是率尔箸形之符号,始为约定俗成之书契。"所以,仓颉就是造字者的杰出代表而已。而仓颉造字虽说神话成分浓重,但远古时代,向来巫史不分,故钱穆先生在其《中国文化史导论》中也说:"中国古史传说,虽也不免有些神话成分之羼杂,但到底是极少的。我们现在叙述中国古代,也不必拘拘以地下发掘的实物作根据。因为在中国最近数十年来地下发掘的古器物与古文字,大体都是用来证明而不是推翻古史记载的。"因此,我们对仓颉造字的说法也就没有必要产生质疑了。

据史记载,仓颉是黄帝的史官。黄帝时期,约公元前2717年—公元前2599年,则是华夏文化的开创期,那时,黄帝不仅教百姓播种百谷草木,大力发展生产,还开始创建衣冠、舟车、音律、医药等的制度,成为整个中华文明的源头。大量文献指出此时黄帝命仓颉创造出了文字,同时,绘画也是以此为源头的。先秦著作《世本》就说过:"史皇作图。"两汉之际出现的纬书《孝经援神契》说:"奎主文章,仓颉效象。"宋均注:"奎星屈曲相钩,似文字之画。"唐代画家张彦远在《历代名画记·叙画之源流》中说:"颉有四目,仰观垂象。因俪乌龟之迹,遂定书字之形。造化不能藏其秘,故天雨粟;灵怪不能遁其形,故鬼夜哭。是时也,书画同体而未分,象制肇创而犹略。无以传其意,故有书,无以见其形,故有画,天地圣人之意也。"宋代张君房所编的《云笈七签》里说:"黄帝有臣史皇,始造画。"元代画家朱德润的《存复斋集》说:"书画同体而异文""类皆象其物形而制字""盖字书者,吾儒六艺之一事,而画则字书之一变也。"明代朱谋垔撰写的《画史会要》

说："史皇与仓颉,俱黄帝之臣,史皇善图画,体象天地,功侔造化。写鱼龙龟鸟之形,以授仓颉因而作字。"宋濂撰写的《学士集》也说:"史皇与仓颉皆古圣人也。仓颉造书,史皇作画,书与画,非异道也,其初一致也。"

由此,我们可以看到,在华夏文明的萌发初期,由于汉文字的象形之故,文字与绘画的关系便产生了你中有我我中有你的格局,从此以后它们即如同一对孪生子,在笔墨线条的千秋舞动中互相顾盼。

钟鼎春秋

南朝文学理论家刘勰在《文心雕龙》第三十九篇《练字》中将仓颉造字的故事与后世文字的演变，描述得颇为详尽。他说："夫文象列而结绳移，鸟迹明而书契作，斯乃言语之体貌，而文章之宅宇也。仓颉造之，鬼哭粟飞；黄帝用之，官治民察。先王声教，书必同文，轩轩之使，纪言殊俗，所以一字体，总异音。周礼保氏，掌教六书。秦灭旧章，以吏为师。乃李斯删籀而秦篆兴，程邈造隶而古文废。"翻译成白话文即：象形文字的出现改变了上古典型的结绳记事方式，对鸟兽足迹的明辨，启发了文字的创造，而作为语言表现符号的文字，又当然是文章的最基础要素。仓颉造字的时候，鬼神夜哭，谷降如雨；黄帝使用文字后，百官得以治理，百姓得以明察。历代先王为了传播声威教化万民，首先要做的就是文字的统一；因此帝王派使臣到各地去记录收集方言，就是为了统一字形和字音。据《周礼》记载，周代时由保氏官掌管着文字的教授。而秦统一六国后，则烧毁古代典籍以及旧有章程，更主张以官吏为师，因此我们可以看到经李斯整理籀书而产生了秦代的小篆，而后程邈又创造出了隶书替代了篆书，如此周代的古文字就被废去了。

在这里，需要说明一点的是，凡是对中国传统书画有一定知识的人都知道，对于中国书法史和绘画史的研究，唐代通常是一个分界线。在中国绘画的历史中，唐代之前的绘画以神为重，难现其形；唐代之后由于南北两宗绘画的气韵生成，以及张彦远在《历代名画记》中所提出的强调绘画笔法的

"笔踪"论，才有了后世新画风的开始。就书法通史而言，对唐以前的中国书法的研究，一般情况下主要是侧重在书体的变化上，因为此时汉字尚未定型，文字的结构正在形成过程中，像上面说到的籀书、篆书、隶书等都是这一阶段书法史的主要研究对象，它们不仅在一些古代典籍，尤其是魏晋南北朝时期的相关著述中多有记录，我们还可以通过19世纪之后出土的大量实物，比如甲骨、青铜器、简牍、石刻等器物上的刻画和书写，来了解这些文字的更多形象。所以，对于唐以前书法的研究，我们准确地讲，应该是对其书体或者叫做字体的研究，而唐代之后，由于汉字字体的成熟和书写工具的完善，书法史才转而演变为研究书法风格的历史。

那么，诚如《文心雕龙》所言，从汉字字体发展的历史来看，中国的汉字在秦统一之前，无论从字体的形状还是从它的应用上来说，都还是混乱的。对于这个时期的文字，我们统称其为古文，古文包括以出土文物载体的材质特征加以区分的甲骨文与金文，以及东周时期的籀文。

所谓甲骨文，是指殷商时期人们刻在龟甲或兽骨上的文字，主要用于占卜，内容多涉及祭祀、战争、出行等事件，目前我们所看到的甲骨文基本上都是出土于商朝晚期的殷墟遗址。最初的一批甲骨文1899年（清光绪二十五年）从河南安阳小屯村出土后被当作中药龙骨在药铺贩卖，后来被满清文人王懿荣发现，又转至《老残游记》作者刘鹗手中，经多方搜集最终达到五千余片。1903年，刘鹗拟书名《铁云藏龟》，将据此整理的甲骨文拓片出版，甲骨文这才为世人知晓。后来孙诒让、罗振玉、王国维、董作宾等先生都对甲骨文字做过研究。其中，董作宾根据甲骨文字的字形变化、文法差异以及书刻风格，将甲骨文字的发展分成了五个时期，其分别呈现出的书风特征是：雄伟、谨饬、颓靡、劲峭和严整。

　　总体来说，根据现有的资料显示，甲骨文字的笔画都较为单纯，且以直线成型居多，常见的是以刀具刻划的契刻体，但也有少量的曲线字体，以及用朱砂笔描画的笔写体，其字体象形程度极高，大小无规则，也常常会一字多体。从文字形成的角度来说，大部分甲骨文字已符合象形、会意的造字原则，形声字亦占相当的比例；从书写角度来看，则已经非常有意识地注意到了文字结构的平衡和走势，且刻划书写张弛有度，线条粗细有别，劲道刚柔兼济，古拙之风浓郁。

　　随着年代的远去，今天我们所面对的每一片甲骨文，都如同一件艺术品，那些峻峭的文字到底是如何在甲片和骨板上契刻的呢？郭沫若先生帮助我们找到了答案。在上世纪30年代，郭沫若先生在日本编撰《卜辞通纂》时发现，有一块骨片上被连续契刻了一月和二月各三十天的干支及一些其他文字，共计八行一百三十个字，其中前两行的每一个字都是完整的，但从第三行起，只有"二月"的"二"字有横画，其他字的横画都缺刻，由此先生推断出，甲骨文的契刻手法皆为竖刻法，即先将文字的竖画和斜画部分全部完成，然后再九十度转动骨片，以竖画刀法补刻横画，这与后世篆刻家使用单刀镌刻印章的手法完全一致。所以，在面对殷商时期的那些运刀如笔、后世无以企及的甲骨文精品时，郭沫若先生感慨道："卜辞契于龟骨，其契之精而字之美，每令吾辈千载后人神往。文字作风且因人因世而异，大抵武丁之世，字多雄浑，帝乙之世，文咸秀丽。细者于方寸之片，刻文数十，壮字其一字之大，径可运寸，而行之疏密，字之结构，回环照应，井井有条。固亦间有草率急救者，多见于廪辛、康丁之世，然虽潦倒而多姿，且亦自成其一格。凡此均非精于其技者绝不能为。技欲其精，则练之须熟，今世用笔墨者犹然，何况用刀骨耶？……足知存世契文，实一代法书，而书之契者，乃殷世之钟、王、颜、柳也。"

除了以上所谈及的甲骨文之外，作为殷商王朝的文字资料，还有金文。

所谓金文也叫钟鼎文，是指铸刻在青铜器上的铭文，因先秦时期称铜为金，所以我们又称之为金文。金文最早出现在商代，盛行于周代及春秋战国时期。总的来说，较之甲骨文而言，金文的字体相对规范，单字大小趋于一致，早期有较多图形出现，笔画肥厚，后期则文字的图样化现象消失，且风格多变，强调整体的布局。究其原因，这恐怕与文字载体有关，因为甲骨太过坚硬，雕刻复杂图形艰难，而金文是在铸造物的模具上刻写，其可控程度比之甲骨必定要容易，易于操作的结果无疑导致文字笔画在视觉上更匀称、自由。但金文的整个发展过程亦长达一千多年，它的字体变迁在各个时期的差异也是明显的。

早期的金文，比如商殷时期的青铜器金文，其所刻铭文一般相对简短，文字保持图样化，比如我们所熟悉的周武王时期的青铜《利簋》的金文中，象形的"武"字、"鼎"字都非常写实，我们可以明晰地分辨出"人"扛着"斧钺"征伐以及由各式"耳部""足部""腹部"组成的不同器形的"鼎"等等。由于青铜器铭文内容大多是颂扬祖先及王侯们的功绩，同时也记录一些重大历史事件，所以一些学者认为，那些在早期金文中反复出现的"文字画"实则含有"族徽"的意思，当然，如果我们将其视为具有强调作用而美术化了的文字，也未尝不可。

金文发展至周代，开始出现了长篇铭文。如周康王时的《小盂鼎》，已多达约四百字。周晚期周宣王时铸成的《毛公鼎》，其铭文更长，共三十二行，四百九十七个字。然《毛公鼎》如此之长的铭文，却个个字体结构严整、劲道流畅，行行布局张弛有度、行止得当,堪称金文作品中的佼佼者。如果从艺术角度来说,周代金文的上乘之作除《毛公鼎》外,还有周代早期的《大盂鼎》以及西周晚期的《散氏盘》。《大盂鼎》金文虽属西周早期作品,但书风体势严谨,笔法方圆兼备、端庄凝重,其结字、章法既平实朴素又不失灵动,加之器形巨大,所以散发出的是强劲的磅礴气势。与之相比,《散氏盘》要精巧秀气得多,但功力与趣味超常,其全篇文字通体一致呈左右取势,字形大小均按笔画多寡开张,圆笔与钝笔灵活使用,可谓字字呼应,随势生发,宛若天成,气象飘逸,而其最为称道的进步,就是出现了行间距与字间距空间感的完美变身,这从书写角度上来说确实意义非凡。

秦汉丹青

　　在中国的文字史和书法史上，现藏故宫博物院的《石鼓文》，历来被视为是一件上承周代金文，下启秦代小篆的作品。石鼓于唐初发现，共十枚，分别刻有大篆四言诗一首，计七百一十八个字，内容主要叙述了秦国君王出猎的场面，故又称"猎碣"，又因出土地点为陕西陈仓，所以又名"陈仓石碣"。自古以来，后世对石鼓的制作年代一直都存在着不同的看法，现今更多的学者认为，从石鼓的文字和内容来判断，那些视其为东周时期秦作遗物的主张应该最为有力。

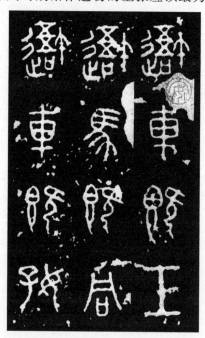

《石鼓文》

仔细观看石鼓文，对照先前我们提及的各类金文的特征，不难看出，它的字形虽仍然存在着繁杂之处，但显得更加方正、匀称适中，其横竖折笔处寓方于圆，竖画转折多内敛再呈舒展之势，笔画起止均现藏锋，劲道圆润浑厚，在许多细处已经流露出了小篆的味道。所以，石鼓文是从籀书过渡到小篆的一种书体，处在由大篆向小篆衍变而又未定型的过渡时期，即集大篆之成又开小篆之先河，在书法史上具有承前启后的意义，加之它的字体拙美多变，石鼓文便一直被历代书法家视为习练篆书的重要范本，得"书家第一法则"的美誉。

那么，在西周式微之后，古文如何彻底废除转而成为篆书的呢？

首先在我们了解东周时期字体变迁的历史前，有必要先作一个相关词义上的解释，以便更加清楚地阐述各种书体之间的关系，以及捋清书法史发展的主要脉络。我们知道，在甲骨文、金文之后，经秦篆、汉隶的发展至唐代书体的成熟后，才有了众人熟知的楷书、行书以及今草，但在秦篆和隶书的生成过程中，还出现过许多微妙的书体风格，这些独特的书法，自有其形成和消失的原因，也有其对应的称谓，虽然在文字史中是一个过渡，但在书法史中，其独特的书写笔法所散发出来的艺术性和书写趣味，使得它们的生命与价值长存至今。先说篆书：其一，篆书分大篆与小篆，我们后来所说的秦篆是指小篆，汉代的隶书由小篆发展而来；其二，大篆又有多种称呼，籀文、籀篆、籀书、史书皆为大篆；其三，大篆和小篆在它们使用和推行的同时，还有其他书体的存在。

在许慎《说文解字》的序中，他将这个时期字体发展的历史说得甚为明确。他说："及宣王太史籀，着大篆十五篇，与古文或异。至孔子书《六经》，左丘明述《春秋传》，皆以古文，厥意可得而说也。其后诸侯力政，不统于王。恶礼乐之害己,而皆去其典籍。分为七国,田畴异亩,车涂异轨,律令异法,衣冠异制,言语异声,文字异形。秦始皇帝初兼天下,丞相李斯乃奏同之,罢其不与秦文合者。斯作《仓颉篇》,中车府令赵高作《爰历篇》,大史令胡毋敬作《博学篇》。皆取史籀大篆,或颇省改,所谓小篆也。是时,秦灭书籍,涤除旧典。大发吏卒,兴成役。官狱职务繁,初有隶书,以趣约易,而古文由此而绝矣。"其大意即:到了周宣王的时候,太史籀整理出了大篆十五篇(所以大篆又名籀文、籀篆、籀书、史书),这样籀文同古文有了差异。(虽出现了籀文,但古文却仍在通行),一直到(春秋末年)孔子写《六经》、左丘明著《左传》时,大家也都还在使用古文,古文的字形、含义尚为学人所通晓。再往后(到了战国),各诸侯起来依靠暴力施政,不再服从周天子,他们憎恶周代礼乐的限制,便都抛弃了典籍的约束。此后,天下为七雄并峙,大家各行其事,田亩的丈量方法不同,车子的规格尺码不同,法令制度不同,衣服帽子规定不同,说起话来发音分歧,写起字来相互有异。所以,秦始皇统一六国,丞相李斯就奏请统一制度,负责废除了那些与秦国文字不相合的文字。李斯写了《仓颉篇》,中车府令赵高写了《爰历篇》,太史令胡毋敬写了《博学篇》,这些篇章取用的都是史籀大篆的字体,有些字还很作了一些简化和改动,成就了后来人们所说的"小篆"。这个时候,秦始皇焚烧经书,除灭古籍,征发吏卒,大兴戍卫、徭役,官府衙狱事务繁多,于是产生了隶书,以使书写趋向简易,古文字体便从此绝迹了。

基于《说文》中的这段记载,加之清代吴大澂和王国维等先生的研究考证,现在学术界多认为,《说文》中的一些说法需要加以更正和强调,首先是创作史籀篇的时期不在周宣王时,而是指战国时期的秦国通行文字,因为如果将《说文》中所提及的籀文与殷周时期的金文和战国时期秦国的金石文相作比较,它更像后者。其二,与秦国同时期的其他六国文字,在《说文》中被许慎称作古文,原因是这些文字,比如"蝌蚪文"和"鸟书"等,其实与秦国籀篆一样都是源自殷周金文,其后各自发展使得地方特征增强。其三,秦统一之后,使得文字在大篆的基础上又进行了简化,整理出了一套全国通用的标准字体小篆,加之秦国地处殷周故地,由其"整顿"文字,更可谓一脉承继。

总体来说,小篆字体结构规正整齐,笔势匀圆协调,尤其是偏旁在从大篆到小篆的变革中进行了改换归并,我们现在从后世出土的秦代瓦当、刻石、权量铭文等的文字看,一般都是使用的秦篆字体,这种已然流行了的文字,它基本上已除去了大篆中的象形性,使得中国文字的发展历史又向前跨进了一步。但小篆虽则体态优美、笔力遒劲,可是在书写上由于仍然遗留着某些象形文字的曲线笔画,难以快捷,而"秦事繁多,篆字难成"(西晋卫恒《四体书势》语),于是又出现了一种改圆折笔为方折笔的新书体,即隶书。

关于为什么称作隶书,历来也是说法不一。有说秦统一中国后,各种事务上奏书信往来繁重,所以差了隶人来写,故而得名;但最通俗的解释是,隶书的创造者程邈是徒隶身份,所以才叫隶书;事实上,我们将其视为"隶属"的意思似乎更为妥当。卫恒在《四体书势》中说:"隶书,是篆的快写(隶书者,篆之捷也)。""汉时沿用,只有符玺、幡信、题署使用篆(汉因用之,独符玺、幡信、题署用篆)。"可见,篆字是当时的正规字体,比如天子的符印、旗帜上的官号、匾额书画等一些具有纪念性、宣示性或强调官方性的书写必用篆字,而日常书写则为隶书。如此,隶书"隶属"于篆字的意义更显得明确无误。

　　对于隶书,后世也按发展时期将其分为秦隶与汉隶两种,相对而言,秦隶结构浑圆,与篆文笔法较近,观之形态朴素,故世人又称秦隶为"古隶";而汉隶的字体结构比较宽扁,强调逆笔突进,波磔呈露,"蚕头雁尾",故而又得名"八分"书。

　　近代出土的古隶书文物有很多,其中《睡虎地秦简》《信阳楚简》《江陵楚简》《楚长沙帛书》等都是比较具有代表性的作品,这些字体都还保留着一些篆书的形态,但书写自由率性,已初具隶书意味,仔细欣赏之,可谓造型奇古而独特。1993年在江苏连云港出土的西汉《尹湾汉简》和被传为东汉末年蔡邕所书的《熹平石经》,则可以作为汉隶的代表。《尹湾汉简》共计23枚木牍和133枚竹简,达4万余字,所有书体基本都以横向取势,趋于方扁,波磔较长,笔道老练,用笔粗细有变,表现出了成熟隶书的艺术魅力,其中的《神乌傅》赋文,书写得更是淋漓尽致,一气呵成,简笔、连笔兼具,已充分呈现出了向隶草演进的趋势。而《熹平石经》是东汉时期官方校订儒家"七经"的刻石,曾立于河南洛阳城南太学门外,这几块中国历史上最早的石经,因其成熟和严谨的"八分"书体,成为了当时及后世隶书书写的范本。此外,东汉《礼器碑》《曹全碑》亦皆为隶书之精品。

书于竹帛时代

汉代,尤其是后汉时期,隶书作为官方通行文字的同时,一种隶书的简化体手书出现了,且逐渐成为风尚,这就是草书,又称作章草。许慎在《说文解字》的序中说:"汉兴有草书",他将草书作为一种书体加以记载。

准确地说,草书应该始于汉初,这在大量的出土简牍中可以得到印证。这些简牍大部分均有纪年,比如在著名的敦煌汉简和甘肃居延汉简中,有关各种内容的书写,历经西汉中、晚期直至东汉早期,比较集中地反映出了隶书与隶草的关系及其演变。事实上,正如唐代书法家张怀瓘所说,章草"即隶书之捷",草书的确是民间俗体字对隶书的正体字产生的破体所致,它源自快写的基础之上,初创时期与过去所有的字体一样,完全取决于实用性,然而发展至东汉中后期,草书的性质发生了转变。

较之于隶书章法,草书的特点主要就在于两点:一是"存字之梗概";二是"损隶之规矩"(张怀瓘《书断》语)。目前我们可以看到的比较具有代表性的西汉初期草书有敦煌的《元鼎六年简》、居延的《太初三年简》等,这些简牍的书写既有篆书的意味,又有隶书的笔法,更是在不经意间流露出了用笔的不拘与自由。西汉元帝时的《永光元年简》是比较少见的西汉大篇幅草书,虽然它的写法与后来的章草法则有别,但我们仍然可以此作为章草的前奏。

章草是后世对草书发展至东汉成熟期的别称。因为在张芝"一笔书"尚未创立之前,所谓的草书实际上也只是"草"

在独立的字体中,不似"今草"一般常发生字与字之间的连笔纠缠。关于章草的得名,有说是因为东汉章帝偏爱草书之原因,也有人认为是由于西汉元帝时期史游以草书作《急就章》的缘由,但从"章"字的本义看,它含有篇章、章法、章程等法度的意思,而偏偏草书发展至东汉中期以后,的确是有笔划省略变化的章法可循。所以从东晋开始,在"今草"完形之后,便将章法化的旧式隶草称作"章草"以示区别。

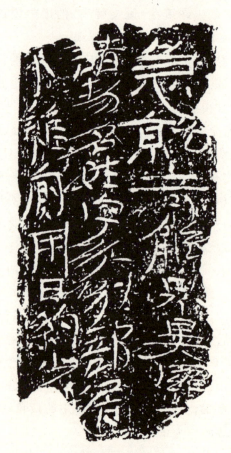

《急就章》砖刻文字

　　从中国书写历史的发展看,东汉时期因木牍、竹简、汉帛等书写材质的多样和普及,以及文字本身结构的成熟化,"书写"的意义发生了提升,它在以往文字的书写实用性之上又赋予了汉字书写的艺术特征,因为此时文字不仅履行着记录和交流的职能,还开始赋予人们书写和欣赏书体快乐的感受,换个角度说就是,书法的艺术性生成了。也正是由于此,后汉出现了一批颇具个性的书法家,而他们的作品,作为书法艺术之源头,也一直被后世推崇与传摹,然而由于年代太久远,这些书家的笔墨真迹如今已不可多见,但我们仍然可以从历史记载和后世的摹写中领略到。

　　西晋的卫恒在《四体书势》中描述了草书发展初期一些书家的表现,如汉章帝时,东汉大臣杜度,号称善于草书。后来有崔瑗、崔寔,也都工于草书。杜度的字稳重,书体偏瘦;崔瑗、崔寔书体甚浓,结字工巧。张伯英(张芝),向他们学习,以帛为纸,临池学书,先练写而后漂洗续用,池水变为墨色。他下笔讲究,认为书写不可不用心,他的墨迹遗留很少,现在甚是珍贵,故韦仲称他为"草圣"。伯英弟文舒次于张伯英,姜孟颖、梁孔达、田彦和及韦仲将一些人也都是伯英的弟子,有名于世但比文舒又远不及。罗叔景、赵元嗣与张伯英同时代,在西州这个地方被称颂,但他们很少赞许自己,大家颇为不解。所以张伯英自称是"我上比崔、杜不足,下比罗、赵有余"。河间张超也有名气,然他虽与崔氏同处一个地方,却还不如张伯英承崔氏的笔法。

　　显然,《四体书势》中提及的东汉书法家有许多,他们之间也存在着某种书体技巧的承继,但卫恒的这一大段描述,似乎更是在赞许张芝的书艺。张芝是东汉时最重要的书法家,唐代张怀瓘在《书断》中也认为张芝的书法学习的是崔瑗、杜度之法,温故知新,因而变之,以成今草,转精其妙。其书写时文字之体势一笔而成,偶有不连而血脉不断。而或又有相连者则气候通其隔行。这其中只有王献之明其深指,故其行首之字在笔意上往往继前行之末。世人所谓"一笔书"者起自张芝,主要指的就是这种书写的方式。今草在表现上,"实亦约文该思,应指宣言,列缺施鞭,飞廉纵辔也。伯英虽始草创,遂造其极"。如此,张芝的书法贡献应该说是划时代的。张芝的墨迹如今在宋代刻印的《淳化阁帖》和《大观帖》中可见。

中国文字,从甲骨文、金文到秦篆、隶书,再到东汉草书盛行,是一个汉文字结构的演变和书体风格形成的过程,这个过程一方面是从文字的象形中逐渐归纳出具有特征的符号作为指代,又以在文字构造法的会意、假借、转注等手法中完善文字的抽象意义,使得汉文字最终成熟定型,另一方面则是通过书写目的的扩展,最终在书写成为一种日常行为的过程中,创造出了各种书体的风格。事实上,张芝"一笔书"的问世,自然是脱身窠臼的创新,但也说明了,至此,文字不再仅仅是因为言"物"而存在,它还可以言"心",更可以言"情",书写开始真正走入它的笔墨世界。

所以,"书画同源"作为中国传统书画艺术的一个重要命题,对于其"同源"的认识,我们不仅要看到它们源头的一致性;其次还要认识到书画基本形式,即皆以线条作为表现手法的一致性;还有它们笔墨技巧的一致性,因为无论是书法还是绘画,其运笔的法则是共通的;此外,它们还存在着审美追求的一致,即对笔法韵味的追求及对意象产生的互通;最后则是心境表达的一致,对于这一点,可以说是中国传统书法和绘画中的最高境界,通常是一种只可意会而不可言传的状态。

原典选读

[晋]卫恒《四体书势》

　　昔在黄帝,创制造物。有沮诵、仓颉者,始作书契,以代结绳,盖睹鸟迹以兴思也。因而遂滋,则谓之字,有六义焉。一曰指事,上、下是也。二曰象形,日、月是也。三曰形声,江、河是也。四曰会意,武、信是也。五曰转注,老、考是也。六曰假借,令、长是也。夫指事者,在上为上,在下为下。象形者,日满月亏,象其形也。形声者,以类为形,配以声也。会意者,止戈为武,人言为信是也。转注者,以老寿考也。假借者,数言同字,其声虽异,文意一也。

　　自黄帝至三代,其文不改。及秦用篆书,焚烧先典,而古文绝矣。汉武时,鲁恭王坏孔子宅,得尚书、春秋、论语、孝经,时人已不复知有古文,谓之科斗书。汉世秘藏,希有见之。魏初传古文者,出于邯郸淳。恒祖敬侯写淳尚书,后以示淳,而淳不别。至正始中,立三字石经,转失淳法,因科斗之名,遂效其形。太康元年,汲县人盗发魏襄王冢,得策书十余万言。案敬侯所书,犹有仿佛。古书亦有数种,其一卷论楚事者最为工妙。恒窃悦之,故竭愚思,以赞其美,愧不足厕前贤之作,冀以存古人之象焉。古无别名,谓之字势云。

　　黄帝之史,沮诵、仓颉,眺彼鸟迹,始作书契。纪纲万事,垂法立制,帝典用宣,质文著世。爰暨暴秦,滔天作戾,大道既泯,古文亦灭。魏文好古,世传丘坟,历代莫发,真伪靡分。大晋开元,弘道敷训,天垂其象,地耀其文。其文乃耀,粲矣其章,因声会意,类物有方。日处君而盈其度,月执臣而亏其旁;云委蛇而上布,星离离以舒光。禾卉苯蓴以垂颖,山岳嵯

21

峨而连冈；虫跂跂其若动，鸟飞飞而未扬。观其措笔缀墨，用心精专，势和体均，发止无间。或守正循检，矩折规旋；或方圆靡则，因事制权。其曲如弓，其直如弦。矫然突出，若龙腾于川；渺尔下颓，若雨坠于天。或引笔奋力，若鸿鹄高飞，邈邈翩翩；或纵肆婀娜，若流苏悬羽，靡靡绵绵。是故远而望之，若翔风厉水，清波漪涟；就而察之，有若自然。信黄唐之遗迹，为六艺之范先，籀篆盖其子孙，隶草乃其曾玄。睹物象以致思，非言辞之所宣。

昔周宣王时史籀始著大篆十五篇，或与古同，或与古异，世谓之籀书也。及平王东迁，诸侯立政，家殊国异，而文字乖形。秦始皇帝初兼天下，丞相李斯乃损益之，奏罢不合秦文者。斯作《仓颉篇》，中车府令赵高作《爰历篇》，太史令胡毋敬作《博学篇》，皆取史籀大篆，或颇省改，所谓小篆者。或曰下杜人程邈为衙吏，得罪始皇，幽系云阳十年，从狱中改大篆，少者增益，多者损减，方者使圆，圆者使方。奏之始皇，始皇善之，出为御史，使定书。或曰邈定乃隶字也。

自秦坏古，文有八体：一曰大篆，二曰小篆，三曰刻符，四曰虫书，五曰摹印，六曰署书，七曰殳书，八曰隶书。王莽时，使司空甄丰校文字部，改定古文，复有六书：一曰古文，即孔子壁中书也；二曰奇字，即古文而异者也；三曰篆书，即秦篆书也；四曰佐书，即隶书也；五曰缪篆，所以摹印也；六曰鸟书，所以书幡信也。及汉祭酒许慎撰《说文》，用篆书为正，以为体例，最新，可得而论也。秦时李斯号为工篆，诸山及铜人铭皆斯书也。汉建初中，扶风曹喜善篆，少异于斯，而亦称善。邯郸淳师焉，略究其妙，韦诞师淳而不及。太和中，诞为武都太守，以能书留补侍中、中郎将，善篆，采斯、喜之法，为古今杂形，然精密闲理不如淳也。邕作《篆势》云：

字画之始，因于鸟迹。仓颉循圣，作则制文。体有六篆，要妙入神。或象龟文，或比龙鳞。纤体效尾，长翅短身。颎若黍稷之垂颖，蕴若虫蛇之梦缊。扬波振激，鹰跱鸟震。延颈协翼，势似凌云。或轻举内投，微本浓末；若绝若连，似露缘丝，凝垂下端。从者如悬，衡者如编。杳杪邪趣，不方不圆。若行若飞，蚑蚑翾翾。远而望之，若鸿鹄群游，络绎迁延。迫而视之，湍漈不可得见，指撝不可胜原。研桑不能数其诘屈，离娄不能睹其隙间。般倕揖让而辞巧，籀诵拱手而韬翰。处篇籍之首目，粲粲彬彬其可观。摛华艳于纨素，为学艺之范闲。嘉文德之弘蕴，懿作者之莫刊。思字体之俯仰，举大略而论旃。

秦既用篆，奏事繁多，篆字难成，即令隶人佐书，曰隶字。汉因用之，独符玺、幡信、题署用篆。隶书者，篆之捷也。上谷王次仲始作楷法，至灵帝好书，时多能者，而师宜官为最，大则一字径丈，小则方寸千言，甚矜其能。或时不持钱诣酒家饮，因书其壁，顾观者以酬酒直，计钱足而灭之。每书辄削而焚其柎，梁鹄乃益为柎，而饮之酒，候其醉而窃其柎。鹄卒以书至选部尚书。宜官后为袁术将，今巨鹿宋子有《耿球碑》，是术所立，其书甚工，云是宜官书也。梁鹄奔刘表，魏武帝破荆州，募求鹄。鹄之为选部也，魏武欲为洛阳令而以为北部尉，故惧而自缚诣门。署军假司马，在秘书以勤书自效，是以今者多有鹄手迹。魏武帝悬著帐中，及以钉壁玩之，以为胜宜官，今官殿题署多是鹄书。鹄宜为大字，邯郸淳宜为小字，鹄谓淳得次仲法，然鹄之用笔，尽其势矣。鹄弟子毛弘教于秘书，今八分皆弘之法也。汉末有左子邑，小与淳、鹄不同，然亦有名。魏初，有钟、胡二家为行书法，俱学之于刘德升，而钟氏小异，然亦各有其巧，今盛行于世。作《隶势》云：

鸟迹之变，乃惟佐隶，蠲彼繁文，从此简易。厥用既弘，体象有度，焕若星陈，郁若云布。其大径寻，细不容发，随事从宜，靡有常制。或穿窬恢廓，或柿比针裂，或砥平绳直，或蜿蜒缪庆，或长邪角趣，或规旋矩折。修短相副，异体同势。奋笔轻举，离而不绝。纤波浓点，错落其间。若钟簴设张，庭燎飞烟。崟岩嵯峨，高下属连，似崇台重宇，层云冠山。远而望之，若飞龙在天；近而察之，心乱目眩，奇姿谲诡，不可胜原。研桑所不能计，宰赐所不能言。何草篆之足算，而斯文之未宣？岂体大之难睹，将秘奥之不传？聊仿思而详观，举大较而论斿。

汉兴而有草书，不知作者名。至章帝时，齐相杜度，号称善作。后称善作。后有崔瑗、崔寔，亦皆称工。杜氏杀字安，而书体微瘦；崔氏甚得笔势，而结字小疏。弘农张伯英者，而转精其巧，凡家之衣帛，必先书而练之。临池学书，池水尽墨。下笔必为楷则，常曰："匆匆不暇草书"。寸纸不见遗，至今世尤宝其书，韦仲将谓之"草圣"。伯英弟文舒者，次伯英；又有姜孟颖、梁孔达、田彦和及仲将之徒，皆伯英之弟子，有名于世，然殊不及文舒也。罗叔景、赵元嗣者，与伯英同时，见称于西州，而矜此自与，众颇惑之。故伯英自称："上比崔、杜不足。下方罗、赵有余。"河间张超亦有名，然虽与崔氏同州，不如伯英之得其法也。崔瑗作《草势》云：

书契之兴，始自颉皇；写彼鸟迹，以定文章。爰暨末叶，典籍弥繁。时之多僻，政之多权。官事荒芜，剿其墨翰；惟多佐隶，旧字是删。草书之法，盖又简略；应时谕指，用于卒迫。兼功并用，爱日省力；纯俭之变，岂必古式。观其法象，俯仰有仪；方不中矩，圆不副规。抑左扬右，望之若敧。兽跂鸟跱，志在飞移；狡兔暴骇，将奔未驰。或黝黭点䵓，状似连珠，绝而不离。畜怒怫郁，放逸生奇。或凌邃惴栗，若据高临危。旁点邪附，似螳螂而抱枝。绝笔收势，余綖纠结。若山峰施毒，看隙缘蠁；腾蛇赴穴，头没尾垂。是故远而望之，漼焉若注岸奔涯；就而察之，一画不可移。几微要妙，临事从宜。略举大较，仿佛若斯。

书法绘画的"觉醒"

　　尽管我们说,中国书画的关系是既同源又同体,但有着同根性的中国书法和绘画,其基本属性还是不同的,绘画重造型,书法重抽象,因此,在历史的发展和演变中,中国书法和中国绘画必将最终各自"觉醒",进而发展成为两种本质完全不同的艺术形式。宋代郑樵在《通志·六书略》序中认为,书与画同出一源。画取其形而书取其意象;画取多而书取少。世间物凡有象形者皆可画,不可画则无其书。然而"书穷能变,故画虽取多,而得算常少;书虽取少,而得算常多",如此,他将"书"与"画"的特点作了非常精要的概括。然而,我们说,中国的"书"与"画"毕竟存在着一定的血缘关系,即使在书画分途之后,中国书画之间的那种借由笔墨纸砚造就的统一构架,反而使"书"与"画"缠绵得愈加深厚,其中绘画取之于书法的滋养尤甚,所以,从某种意义上来说,中国的绘画是在中国书法的笔意中日渐完善的。

书画分途

　　关于中国绘画的起源,按史料记载说法颇多,有说神农之臣即能图画,也有说画嫘是绘画之祖,而比较集中的看法则认为是史皇所为。《世本》说:"史皇作图。"《云笈七签》说:"黄帝有臣史皇,始造画。"宋濂《学士集》说:"史皇与仓颉皆古圣人也。仓颉造书,史皇制画,书与画,非异道也,其初一致也。"朱谋垔《画史会要》说:"史皇与仓颉,俱皇帝之臣,史皇善图画。体象天地,功侔造化。写鱼龙龟鸟之形,以授仓颉因而作字。"近代,黄宾虹在他的《古画微》中也说:"黄帝之世,仓颉造六书,首曰象形。言制字者先依类而象其形。时有史皇,以作画著,当为画事之始。画与字其由分也。"所以,中国绘画的起源基本上应该是与文字的起源时间一致的,尽管汉文字来源于图形,似乎绘画比文字的历史要更悠久古远,然而那些图画,比如岩画、陶器上的图案等等,不应属于我们所谈论的中国绘画概念,虽然许多中国绘画史的研究将这一部分看作是绘画的源头,那是因为这些学者将目光更多地放在了艺术的表现形式上来考虑。事实上,中国绘画的起源与汉文字的起源一样,都是缘起于实用,而不仅仅是情感表达,要说情感表达,那应该是绘画发展成熟后的事了。因此,"书"与"画"的分途,从一开始就取决于它们的社会功能的不同,而后才进一步表现出了艺术形式上的差异。

唐代张彦远在《历代名画记·叙画之源流》开篇即说:"夫画者,成教化,助人伦,穷神变,测幽微,与六籍同功,四时并运,发于天然,非由述作。"意思即:所谓的绘画,应具有教育感化,确立人伦道德,探究天地变化,观察细微深奥事理的功用,其作用与《六经》相似,而这些犹如四季循环往复,自然而然运作发生,不应该是人为的。实际上,我们现在常说"文以载道",而初期的具有自觉意义上的中国绘画的出现,亦是以"载道"为目的的,所以,才会有了"无以传其意,故有书;无以见其形,故有画"的结果。张彦远还说:"洎乎有虞作绘,绘画明焉,既就彰施,仍深比象。"他认为,绘画是到了有虞氏在官服上绘制纹饰的时候,就明确独立出来了。而服饰纹彩的等级确立,是为了显现尊卑贵贱,于是乎礼乐得以发扬,教化得以兴盛,如此,治理国家就易如反掌,诗文也随之焕然成章。换句话也就是说,中国古代服饰的十二章纹样,实质上是中国绘画与文字分体的重要标示。

关于十二章纹样,据《尚书·益稷》篇说:"予欲观古人之象,日、月、星辰、山、龙、华虫,作会;宗彝、藻、火、粉米、黼、黻,絺绣,以五采施于五色,作服。"这应该是我国历史上关于十二章纹样的最早记载。按历代注疏,十二章的含义分别表示,所谓日月星辰本取"照临"之意,其意为象征帝王能够恩惠浩荡、光耀四方；山则取"镇"意，用以象征帝王之治理四方水土；龙则取其"变"，象征审时度势处理国事民生；华虫形象如雉鸡，其本取雉鸡身上"文"饰之意，象征王者文采昭著；宗彝本为上古祭祀中的一种器物，取"孝"意，象征忠孝美德；藻则取其"洁"之意，象征品行冰清玉洁；用火则取"光明"之意，象征王者政务光明磊落；粉米多指白米，取"养"意，象征安邦治国、百姓给养；黼为斧形，取"断"意，象征任事干练而果敢；黻为"己"字相背，取其"辩"意，意指明辨是非及知错而改正。这十二种图案就当时来说似乎已经可以囊括天下的万物，代表着人们对自然和生产的基本认知，总之是对帝王德性的至善至美的比喻。这种以"绘"或"绣"纹样在服饰之上的做法，主要的目的就是在于昭示或匡正以及颂咏美德，它与以文字构成的铭文碑刻意义一致。

现在，我们来看看我国古代对"画"的释义。最早的辞书《尔雅》云："画，形也。"《尔雅》之后的另一部训诂学汇编《广雅》云："画，类也。"我国第一部汉语语源学著作《释名》云："画，挂也。以彩色挂物象也。"许慎的《说文》云："画，畛也。象田畛畔，所以画也。"所以，张彦远《历代名画记·叙画之源流》中对此进一步作出阐述，大意上认为：古人在钟鼎上刻图案，就是为了识妖魔、辨神明；在旌旗上描画纹样，是为了昭明纲纪以使国家制度完善；祭祀乐章要庄严肃穆，罇彝祭器要陈列有序，东西南北疆域分明。能尽忠尽孝的人，其画像全在云台上摆着；已建功立业的人，他们的画像都在麒麟阁放着。看见善良了就能戒除丑恶，看见丑恶了就能够思念贤圣。将形象容貌留存下来，是昭示盛大德行的行为；把成功和失败描画下来，则可以承继经验教训。史书可以记事，却不能呈现容貌；诗赋可以吟咏美德，却不能留存其形象，绘制图画就是兼而有之了。所以陆士衡（陆机）就发了感慨，认为

"图画的渲染尤如雅颂的铺陈叙述,都是用来赞美丰功伟绩的。描述事物没有比语言文字更合适的了,而留存形貌则没有比绘画更擅长的了"。①

如此,因循着这样的目的,中国画的历史即在周代以人物画为起步开始了,当时的主要形式是宗庙祠宇中绘制的人物壁画,之后,春秋战国时期的大小诸侯国也纷纷仿效,在汉代纸张出现后,一方面壁画仍然以其特有的形式继续成长,另一方面则是纸本人物画迅速发展了起来。

---

① 张彦远《历代名画记·叙画之源流》:"故鼎钟刻,则识魑魅而知神奸;旂章明,则昭轨度而备国制;清庙肃而罇彝陈,广轮度而疆理辨。以忠以孝,尽在于云台;有烈有勋,皆登于麟阁。见善足以戒恶,见恶足以思贤。留乎形容,式昭盛德之事;具其成败,以传既往之踪。记传所以叙其事,不能载其容;赋颂有以咏其美,不能备其象;图画之制,所以兼之也。故陆士衡云:丹青之兴,比雅颂之述作,美大业之馨香。宣物莫大于言,存形莫善于画。此之谓也。"

中国画早期形式

　　真正意义上的中国画,即除去其他材质而是以毛笔勾线来作为主要表现手法的绘画作品,我们能见到的现存最早的是春秋战国时期的两幅帛画,一为 1949 年出土于长沙陈家大山的战国楚墓里的《人物龙凤图》,一为 1973 年于长沙子弹库 1 号楚墓出土的《人物御龙图》。这两幅帛画都是完整的独幅画,出土前均放置在相应的棺椁上面,有关专家认为,从其形制和搁放的位置推断,它们的用途和明旌一样,应该是招魂的用具。

　　《人物龙凤图》长 31 厘米,宽 22.5 厘米,画面主要位置描绘的是一身穿长袍、头梳长髻、双手合掌作祈祷状的侧身站立女子,其前上方绘有一龙一凤,凤鸟的头上昂作振翅奋爪之势,尾飘然上卷呈奋起状,龙体则竖垂蜿曲,有双足,作腾空而起扶摇直上之态,整幅画以墨线钩勒,线条刚健古拙,且有缓疾、浓淡、粗细的变化,并施以色彩,画面干净利落。《人物御龙图》长 37.5 厘米,宽 28 厘米,描绘的则是一高冠蓄须腰佩长剑的男子,驾龙侧身直立的形象,其手执缰绳衣衫飘动,头顶舆盖甚有神采,而龙形似舟气势非凡,龙的尾部立有一只白鹭,身下卧鲤鱼一条,整个画面的动态感极强,线条勾画得也是淋漓尽致,非常生动。比较这两幅帛画,《人物御龙图》比之《人物龙凤图》从构图的完整性、势态以及线条的连贯性上来看,似乎都要更胜出一些,《人物龙凤图》则留有更多的"象形"意味,当然,从时间上来说,《人物御龙图》确实要晚于《人物龙凤图》的创作时间。但显然,在这两幅帛画中,中国画的笔意都没有太多的体现,这与中国书法的发展进程有关,当时书法正处在金文向篆字的发展中,可以说,绘画中的线条感觉与文字笔画处理的风格基本一致。而我们所关注的绘画的笔意与笔墨的情趣关系,则是在到了后汉时期中国书法的兴起之后,才开始渐有起色,此时,早期的那种在几百年中都始终保持着的如帛画上的那般工整匀细的线条终于产生出了"情绪",犹如隶书的波折,这种线条在大量的汉画像砖的图像上可以找到佐证。

中国最早出现具有历史记载的画家是在魏晋南北朝。绘画发展到这个时期,不仅出现了众多画家的多风格作品,且中国绘画理论以及中国画工笔和写意两大体系也开始确立,当时已有相当数量的专业画家群体,他们专长不同、各臻其能,其中曹不兴、卫协、顾恺之、陆探微、张僧繇、曹仲达等人更被后世称道,他们当中的许多颇具传奇色彩的绘画故事一直流传至今,比如"画龙点睛"的成语即出自张僧繇,曹不兴则有"落墨为蝇"的佳话等等。

曹不兴,也作曹弗兴,三国时期吴兴人,其擅长人物画,尤其是他的佛画成就对后世影响最大,所以被尊称之为"佛画之祖",据唐代许嵩所撰的六朝史料集《建康实录》载,他能在宽五十尺的素绢上作画,而所绘人物的比例皆不失尺度。南朝谢赫在《古画品录》中对其的评价是:"观其风骨,名岂虚成!"可惜的是他的画迹今已无存。

卫协,西晋画家,师法于曹不兴,擅画神仙、佛像及人物故事,据说其白描线细如蛛丝而笔力遒劲,较之曹弗兴,卫协的绘画技巧有明显提升,史载曹不兴的作品是线条粗扩、气魄刚健,多注意人物的动态,细部描绘比较简略,其风格比较接近于汉代壁画,而卫协的作品一般都非常细密,所以《古画品录》说:"古画皆略,至协始精。六法之中,迨为兼善。"在此,谢赫不仅赞扬了卫协的精工细画,同时也对卫协在六朝气韵画风之形成方面的贡献给予了肯定。

顾恺之,东晋人,师从于卫协,最善长人物画,东晋名士谢安认为顾恺之的人物画可谓是前无古人。他既善绘画,亦精绘画理论,还通诗赋、书法,时人赞其有三绝,即才绝、画绝、痴绝。史载顾恺之作画讲究"意存笔先"而"画尽意在",他用笔周密连绵如春蚕吐丝,既轻盈流畅又遒劲爽利,世人称之为"铁线描"。顾恺之的绘画意在传神,他的以"形写神"的绘画技巧与"迁想妙得""传神写照,正在阿堵中"等绘画理论,为中国传统绘画的发展奠定了基础,并在整个中国绘画史上一直占有重要地位。其画迹有《秋江晴嶂图》《庐山图》《雪霁望五老峰图》等,其中《雪霁望五老峰图》被推崇为山水画的开创之作,现存顾恺之的人物画有《女史箴图》《洛神赋图》《列女仁智图》等,但均为后世摹本。

陆探微,南朝宋宫廷画家,吴县人,据说他将东汉张芝的草书转换运用到了绘画上,张彦远《历代名画记》卷二《论顾陆张吴用笔》中就有记载说:"昔张芝学崔瑗、杜度草书之法,因而变之,以成今草。书之体势,一笔而成,气脉相通,隔行不断,惟王子敬明其深旨,故行首之字往往继其前行,世上谓之一笔书。其后陆探微亦作一笔画,连绵不断,故知书画用笔同法。"所以,陆探微被后世即看作是以书法入画的创始人,但他的画迹亦无留存,后人对其画风的领略,只能通过史书记载以及在其风格的承继者笔下窥见,然所有对他的评价都是高度一致性的充满了赞誉。谢赫称其画:"穷理尽性,事绝言象。包前孕后,古今独立,非复激扬所能称赞。"张怀瓘的评价是:"陆公参灵酌妙,动与神会,笔迹劲利,如锥刀矣。秀骨清像,似觉生动,令人懔懔若对神明,虽妙极象中,而思不融乎墨外。"

张僧繇，南朝画家，吴兴人。张怀瓘曾评价说："夫像人风骨，张亚于顾、陆也，张得其肉，陆得其骨，顾得其神。"（《历代名画记》卷六引张怀瓘《画断》）这里所说的"张"即张僧繇，"陆"即陆探微，"顾"即顾恺之。张怀瓘之所以说"张亚于顾、陆也"，是因为魏晋的"秀骨清像"的风尚使然。事实上，张僧繇对后世尤其是唐代绘画的影响非常大，唐朝画家阎立本和吴道子都师承于他。据说张僧繇画人物，能做到朝衣野服今古不失，且在绘画技法上大胆变"法"，他广收博取独辟蹊径，一则将晋代女书法家卫铄《笔阵图》中的书法用笔"点""曳""斫""拂"手法融入绘画之中，创造出了一种"笔才一二，像已应焉"的效果，而一改当时中国画细密工整的画风。此外，张僧繇还吸收了印度佛画中的"凹凸"技法，即西洋绘画中的明暗和透视画法，这种做法在当时一定是个大胆的创举。

曹仲达，北齐画家，张彦远《历代名画记》说："曹仲达本曹国人也。北齐最称工，能画梵像。官至朝散大夫。"说明曹仲达的本土文化是不同于中原文化的，他是学习和承继了汉文化传统又带有浓重外来文化色彩的画家，他擅长佛画，还能塑像。史载曹仲达师从于南朝大臣袁昂，张彦远说"袁尤得绮罗之妙"，即一种在工笔重彩上所应用的粗细均匀遒劲有力度的线条，曹仲达将这种技法发扬并应用在菩萨与佛像的多褶纹衣饰绘制中，使造像衣服紧窄、体态稠叠而别具风采，后人称之"曹衣出水"。现今亦无曹仲达作品传世，但从现存的北朝佛教塑像中尚可领略相似的风格。

由此，我们说，中国画在汉画的基础上发展至魏晋南北朝时期，已出现了艺术上的多种自觉。虽然绘画艺术的发展变化不像书法那么显著，但此时画家群体的职业化、宫廷画事的繁荣、士大夫绘画与民间画工的分野、南北画家的多样风格呈现，以及绘画技法的师承等等，都说明了中国早期绘画经由千年的发展之后,中国传统绘画形式至魏晋南北朝已初步定型,尽管中国画中的人物画仍占据着主要位置,其他各科还尚在起步阶段,但山水画在东晋顾恺之手中已现独立的姿态。此外,特别需要指出的是,此时的绘画理论的研究和完善,尤其是谢赫的《古画品录》中关于"六法"的提出,不仅成为当时绘画要求的标准,更是成为了后世绘画史中有关中国绘画评判的基本法则。

艺术的自觉

艺术的自觉是中国书法和中国画在魏晋南北朝时期发生转变的根基。事实上，所谓的艺术自觉问题不是自发性的，它是魏晋南北朝时期文化自觉的表现之一。我们知道，魏晋南北朝是中国艺术发展的重要转折时期，它不仅完成了对"旧"的破除，同时也完成了对"新"的创立。钱穆先生说得好，他说，"魏晋南朝三百年学术思想，亦可以一言蔽之，曰'个人自我之觉醒'是已。"（《国学概论》）我们将这个"个人自我之觉醒"放在艺术中来看，其集中的表现就是一改先秦两汉以来的艺术与政治、艺术与伦理的关联，转而发展为对艺术的自身规律的探索，以及围绕各种艺术的不同的本质来追求其合理而又完善的形式法则。

刘大杰先生在其著述《魏晋思想论》中将这一转变，就绘画的形式和作用问题作了非常清晰的阐释，他说："汉代的图画，史书告诉我们壁画居多，其内容或为历代帝王及忠臣烈士的肖像，或为孔子及七十二门徒的肖像。在这里有两点我们必得注意：（一）因其题材可以知道汉画是儒家伦理观念的表现，是封建社会对于帝王圣贤的崇拜。（二）因其为墙壁的装饰品，可以知道图画还未能成为一种独立的艺术。"他认为："到了魏晋，无论题材作用，都改变了。其改变与文学的变动是一致的步调。那便是由伦理的趋于个人的，由现实的趋于玄虚的，由实用的而趋于艺术的了。"他说："中国的画，到了魏晋，渐渐地脱离了汉代的装饰的实用的意味，而走向独立的艺术的地位了。"他还指出："书法，也是遵循一致的路线发展的。""我们只要看看由汉隶楷书变到王羲之父子那样如行云流水般的行草,那种解放自由的精神,活跃的个人主义的情感与生命,真是再明显也没有了。"事实上,中国所有的古典文化,除书法、绘画之外,还有诗歌、文赋、音乐、雕刻等等,即与文化相关的所有的事物,至魏晋南北朝时期皆发生了自觉的转变,其中许多门类成就杰出,特别是魏晋书法,甚至达到了历史的顶峰,创造出了无数的典范而使后世不可企及。

书法艺术在魏晋时期之所以能够出现如此的繁荣状况,究其原因大抵可以归纳为以下三点:第一是字体的成熟;第二是书写材质的完善;第三是世风与时代的促成。

关于字体和书写材质的问题,在前面的章节中我们已经谈及一些,总的说来,先秦的文字不是真正意义上的书法,它是以单个字体的独立形态的存在而作为价值的,它的"刻"不存在任何"书写"的意义,其所表现出来的古拙之美,是依附于功用之上的一种非自觉形态,也可以说是后人附会的。而在秦统一文字之后,代表着象形文字转化为符号文字的小篆以及后来隶书的出现,尤其是简牍作为文字载体的大量使用,使"书写"形态才逐渐成为日常,然而,受简牍的尺幅和材料性质的限制,书写的自由度得不到尽情发挥,所以上乘的书法形态在此时断然不可能出现。我们不妨将"章草"与"今草"作一比较就会发现,今草的如鱼得水很大程度上是得益于纸张的发明,如果没有宣纸作为中国文字的载体,书法的格调终是难以成形。所以,我们说,东汉末是中国书法的第一个小高峰,此时不仅纸张已经发明,楷书亦已经产生,而行书在楷书的生成过程中也相应成形,加之崔瑗、张芝草书趣味的引领,中国书法的审美性被触发,因此,当中国书法发展至魏晋时期时,书法的三大基础要素,即文字、文字的载体以及书写工具都已基本就位，这就为魏晋书法成就杰出创造了客观条件。

魏晋书法的情况大致可分为三个阶段，即三国时期、西晋及东晋时期。三国时期是一个过渡期，虽则如此，但由于许多书家由后汉历三国而入西晋，其所担负的承继作用十分关键。而在三国中又以曹魏的书法最为昌盛，这不仅体现在它地处汉文字发展的主脉上，还体现在武帝曹操在对书法的厚爱之下笼络了大批书家的事实中，比如西晋最重要的书法家钟繇便是，其次是因"禁碑令"的发布无意中遏制了隶书的应用而拓展了楷书与行书的发展空间，再者就是曹丕的文艺建国安邦论的推动，致使社会的审美功能与实用功能并存而得以提升。因此，西晋时不仅书家辈出，草书、楷书、行书也皆有可喜收获，这个时期的重要书家除钟繇之外，还有卫瓘、索靖和陆机等。事实上，后世对于魏晋时期书法高度的称颂，更多的是直指其技术之上的精神，其集大成者当是东晋的王羲之、王献之父子。我们知道，由于西晋后期的战乱，一些世家大族随晋室南迁，而特殊的社会境遇造就了这些人放浪形骸、旷达不拘的情怀，在饮茶斗酒中，他们寄情于自然山水和诗书琴画，常常还以书法竞情，追求书体与心境相随，以致一旦挥毫即出神入化，王羲之的代表作《兰亭序》就是在这种情景下的创作，未曾想一落笔即千古流芳，享尽"天下第一行书"之美誉。

观王羲之书法，确实有梁武帝萧衍所概括的"龙跳天门，虎卧凤阙"之感，唐太宗李世民更是推崇之至，曾叹道："详察古今，研精篆素，尽善尽美，其惟王逸少乎！观其点曳之工，裁成之妙，烟霏露结，状若断而还连；凤翥龙蟠，势如斜而反直。玩之不觉为倦，览之莫识其端。心慕手追，此人而已。"然有趣的是，不少文人对其书法的看法并不见得那样的好，比如韩愈在《石鼓歌》中给出了"羲之俗书趁姿媚"的评价,李白《赠怀素草书歌》说"王逸少、张伯英,古来几许浪得名"。张怀瓘则认为"逸少草有女郎材,无丈夫气",在其著述《书议》中说:"逸少则格律非高,功夫又少,虽圆丰妍美,乃乏神气,无戈戟铦锐可畏,无物象生动可奇,是以劣于诸子。得重名者,以真行故也。"我们说书乃心语,而观者的性情与观时的心境自然与书者不可能完全一致,所以诸多评论固有其存在的道理,但也不是绝对公允,所以,我们给予王羲之的评价是应该撇去更多个人的喜好,而着眼于中国书法大历史的发展角度上来对待之。

事实上,王羲之的最大贡献就在于他的书法所表现出来的"古"与"今"转折中的自觉锐变,以及由此带来的中国书法新风格。魏晋在中国书法史上是由隶书向真、行、草书过渡并逐渐成熟的时期,犹如汉代书法由篆而隶一样,皆在书法史上具有划时代的意义。王羲之师从于钟繇,钟繇所处年代正是由隶向真、行、草书的过渡时期,其书写特点恰如梁武帝所喻,如"云鹤游天,群鸿戏海",即隶书用笔的波挑俯仰分势明显,而这种由钟繇创造的真书形式一直风靡于魏晋,东晋时各大书家也都还在描摹恪守,唯王羲之不拘古法,自成一家,摸索创造出了一套与隶书截然有别的楷书用笔范式,使隶楷彻底分离而各具书写章法。张芝的草书在王羲之的研习转化中也同样呈现出了妍丽婉媚的今体,这就使得章草完成了彻底的变身,所以唐代书画家李嗣真评其曰:"草行杂体,如清风出岫,明月入怀",而王羲之之子王献之的草书更上一层,这从其《鸭头丸帖》中即可体会。真正使王羲之堪称"书圣"名号的是他的行书,王羲之的行书平和自然,委婉含蓄,其观赏性可谓美轮美奂,用曹植《洛神赋》中的诗句来赞颂王羲之行书的美好是再合适不过了,这便是"翩若惊鸿,婉若游龙,荣曜秋菊,华茂春松。仿佛兮若轻云之蔽月,飘飘兮若流风之回雪"。其实,介于楷、草之间的行书,尤得晋人垂爱,因为行书的不以笔画字形所拘而以布局统领为上,以求气贯全篇的风范,很合魏晋时尚,而魏晋时尚中最主要的就是讲究"气韵"和"风骨"。

正如宗白华先生在《美学散步》中所言:"从这个时候起,中国人的美感走上一个新的方面,表现出新的美的理想。那就是认为'初发芙蓉'比之于'错采镂金'是更高的美的境界。"王羲之的书法如此,顾恺之的绘画亦然。

"气韵生动"及其他

宋人赵希鹄在《洞天清禄》中言"善书必能善画，善画必能善书，实一事耳"，而郭熙也有"人之学画，无异学书"之言，书与画在中国绘画的阶段性发展中，逐渐地相互融合，成为了世人所理解的中国传统艺术的最重要的特质。

比起绘画方面的理论著述，关于书法的相关论著的产生要早得多，这与文字与绘画在早年的功用发展是有一致性的。早在东汉，崔瑗的《草书势》中对书法论述已经较为完整了。而曹植《画赞序》中则开始明确提出绘画在社会伦理中的教化作用。而情感与审美之间的关系，则在此后王羲之的书法美学中得到体现。绘画的理论总结，其实是较为滞后的。

而书之笔法所落实之处，不外乎笔画之间的长短、连断、粗细、疾徐以及枯涩、滋润等等。这些因素因此成为了书法艺术表现最基本的呈现。在这里面，书法中线条在运动中所表现出来的"意"，成为了此后中国书法审美极为重要的一个要素。在某种程度上，以线为基础的造型艺术之所以成为传统中国绘画最主要的表现手段，与历代对于书法笔意的追求有着最为直接的关系。这里面，线条之于造型，其最重要的一点就在于线的流动性里已然存在的运动轨迹与时间，使得"气韵生动"在关于中国绘画造型的表现中，被典型地彰显出来，对"形神"合一审美标准而言，无疑是最为重要的了，比如王僧虔书论《笔意赞》中所言。

在南朝王僧虔书论《笔意赞》中："书之妙道，神采为上，形质次之,兼之者方可绍于古人。"旗帜鲜明地提出了"神"为上"形"为次的观点。这种对于"神、形"品级的描述,对此后的书、画审美以及品评影响巨大,我们若考察谢赫《六法》,就可以看出,"气韵生动"也好,"骨法用笔"也罢,甚至"经营位置"、"传移模写"等等,与《笔意赞》中关于书法笔意的描述,其实是极为一致的。书法的用笔对绘画技法的渗透于中国传统绘画而言,是极具文化特质的重要演化。

书、画于魏晋南北朝时期尚处在一个非自觉的阶段。其自我觉醒与相互融合却要到有唐一代。历代对于魏晋南北朝时期的画家,既有顾恺之"密体"、张僧繇"疏体",也有曹仲达"曹衣出水"之类的描述与形容,这些基本上还属技术层面的表现,作为绘画的线条本身的技术性表现其实还在技术层面的探索阶段。只有到了唐代,吴道子以后,书法与绘画之间的关系才被主动地加以融合,这可谓书法入画的肇始,《历代名画记》中提出了"书画用笔同法"的说法,又有更具体的说法,如其中有言吴道子"授笔法于张旭,此又知书画用笔同矣",可见以线为主要书写方式的书法因此开始以融入的方式出现在了绘画之中,并成为绘画格调的评判标准之一。五代荆浩《笔法记》中则明确了书画在用笔上的精神同质,并以"神、妙、奇、巧"四个品级用以品鉴,于笔法上则有"筋、肉、骨、气"四势之说,而这些,基本又都来自于书法。

以书入画的最重要阶段,则非两宋元初莫属,苏轼、米芾与南宋诸文人画家,以及元初赵孟頫、钱选等都对这一表现极为重视,赵孟頫及钱选更有对此极为精彩的讨论,后文对此将有详述。

原典选读

[唐]张彦远《历代名画记·叙画之源流》

夫画者，成教化、助人伦、穷神变、测幽微，与六籍同功，四时并运，发于天然，非由述作。古先圣王受命应箓，则有龟字效灵、龙图呈宝。自巢燧以来，皆有此瑞。迹映乎瑶牒，事传乎金册。庖牺氏发于荣河中，典籍、图画萌矣；轩辕氏得于温洛中，史皇、仓颉状焉。奎有芒角，下主辞章；颉有四目，仰观垂象。因俪鸟龟之迹，遂定书字之形。造化不能藏其秘，故天雨粟；灵怪不能遁其形，故鬼夜哭。

是时也，书画同体而未分，象制肇创而犹略。无以传其意，故有书；无以见其形，故有画，天地圣人之意也。按字学之部，其体有六：一古文，二奇字，三篆书，四佐书，五缪篆，六鸟书。在幡信上书端象鸟头者，则画之流也。（原注：汉末大司空甄丰校字体有六书：古文即孔子壁中书。奇字即古文之异者，篆书即小篆也，佐书秦隶书也，缪篆所以摹印玺也，鸟书即幡信上作虫鸟形状也。）颜光禄云："图载之意有三：一曰图理，卦象是也；二曰图识，字学是也；三曰图形，绘画是也。"又周官教国子以六书，其三曰象形，则画之意也。是故知书画异名而同体也。（原注：《周礼·保章氏》掌六书：指事、谐声、象形、会意、转注、假借，皆仓颉之遗法也。）

洎乎，有虞作绘，绘画明焉，既就彰施，仍深比象。于是礼乐大阐，教化由兴，故能揖让而天下治，焕乎而词章备。《广雅》云："画，类也。"《尔雅》云："画，形也。"《说文》云："画，畛也。象田畛畔所以画也。"《释名》云："画，挂也。以彩色挂物象也。"故钟鼎刻，则识魑魅而知神奸，旂章明，则昭轨度而备国制。清庙肃而樽彝陈,广轮度而疆理辨。以忠以孝,尽在于云台;有烈有勋,皆登于麟阁。见善足以戒恶,见恶足以思贤。留乎形容,式昭盛德之事;具其成败,以传既往之踪。记传所以叙其事,不能载其容;赋颂有以咏其美,不能备其象。图画之制,所以兼之也。故陆士衡云:"丹青之兴,比《雅》、《颂》之述作,美大业之馨香。宣物莫大于言,存形莫善于画。"此之谓也。善哉!曹植有言曰:"观画者,见三皇五帝,莫不仰戴;见三季异主,莫不悲惋;见篡臣贼嗣,莫不切齿;见高节妙士,莫不忘食;见忠臣死难,莫不抗节;见放臣逐子,莫不叹息;见淫夫妒妇,莫不侧目;见令妃顺后,莫不嘉贵。"是知存乎鉴戒者,图画也。

昔夏之衰也,桀为暴乱,太史终抱画以奔商;殷之亡也,纣为淫虐,内史挚载图而归周。燕丹请献,秦皇不疑;萧何先收,沛公乃王。图画者,有国之鸿宝,理乱之纪纲。是以汉明宫殿,赞兹粉绘之功;蜀郡学堂,义存劝戒之道。马后女子,尚愿戴君于唐尧;石勒羯胡,犹观自古之忠孝。岂同博奕用心,自是名教乐事。"余尝恨王充之不知言,云:"人观图画上所画古人也。视画古人如视死人,见其面而不若见其言行。古贤之道,竹帛之所载灿然矣,岂徒墙壁之画哉?"余以此等之论。与夫大笑其道,诟病其儒,以食与耳,对牛鼓簧,又何异哉?

[唐]张彦远《历代名画记·论画六法》

昔谢赫云:"画有'六法':一曰气韵生动,二曰骨法用笔,三曰应物象形,四曰随类赋彩,五曰经营位置,六曰传模移写。"自古画人,罕能兼之。

彦远试论之曰:古之画或能移其形似而尚其骨气,以形似之外求其画,此难可与俗人道也。今之画纵得形似而气韵不生,以气韵求其画,则形似在其间矣。上古之画,迹简意澹而雅正,顾、陆之流是也;中古之画,细密精致而臻丽,展、郑之流是也;近代之画,焕烂而求备;今人之画,错乱而无旨,众工之迹是也。夫象物必在于形似,形似须全其骨气,骨气形似,皆本于立意而归乎用笔,故工画者多善书。然则古之嫔,擘纤而胸束;古之马喙尖而腹细;古之台阁竦峙,古之服饰容曳。故古画非独变态有奇意也,抑亦物象殊也。至于台阁树石、车舆器物,无生动之可拟,无气韵之可侔,直要位置向背而已。顾恺之曰:"画:人最难,次山水,次狗马,其台阁一定器耳,差易为也。"斯言得之。至于鬼神人物,有生动之可状,须神韵而后全。若气韵不周,空陈形似,笔力未道,空善赋彩,谓非妙也。故韩子曰:"狗马难,鬼神易。狗马乃凡俗所见,鬼神乃谲怪之状。"斯言得之。至于经管位置,则画之总要。自顾、陆以降,画迹鲜存,难悉详之。唯观吴道玄之迹,可谓"六法"俱全,万象必尽,神人假手,穷极造化也,所以气韵雄状几不容于缣素;笔迹磊落,遂恣意于墙壁。其细画又甚稠密,此神异也。至于传模移写,乃画家末事。然今之画人,粗善写貌,得其形似则无其气韵,具其彩色,则失其笔法。岂曰画也?呜呼!今之人,斯艺不至也。

宋朝顾骏之常结构高楼以为画所,每登楼去梯,家人罕见。若时景融朗,然后含毫;天地阴惨,则不操笔。今之画人,笔墨混于尘埃,丹青和其泥滓,徒污绢素,岂曰绘画?自古善画者,莫匪衣冠贵胄、逸士高人,振妙一时,传芳千祀,非闾阎鄙贱之所能为也。

"六法"——中国书画共同的精神源泉

　　自"六法"提出后,它作为衡量中国绘画艺术的技巧运用和品质表现,从最初的人物画向着绘画对象的丰富而发生多层次延伸。上个世纪50年代刘纲纪先生在其《"六法"初步研究》中指出,谢赫的"六法"其实主要是针对肖像画的实践所作的总结,由于魏晋社会非常重视人物品藻,所以人物精神面貌的表现尤为重要,因此"气韵生动"成为了第一法,第二法"骨法用笔"应该是针对肖像画的外形肖似而提出的,而"应物象形""随类赋彩""经营位置"则是所有绘画的共有问题,至于"传移模写",则与"复制"有关,可引伸为临摹,即向传统学习。后来,随着绘画的发展,特别是宋代山水画、花鸟画的发展之后,逐渐使得"六法"演进为整个中国绘画艺术评判的普通准则,并成为中国绘画理论的系统性依据,为历代公认和遵循。事实上,由于中国书法和绘画的相通性,在"六法"中,除"随类赋彩"一则之外,其余五法则亦皆与中国书法创作相关联,所以,"六法"作为一种精神源泉,是中国书画所共有的。

公孙剑器舞

中国书画艺术的发展到了初唐,已经开始确立了基于艺术体验的表达手段,书和画不再仅仅只是文字的字义以及图像的社会性功能传播,书与画开始主动、明晰地脱离其原始功能,试图走向艺术自足的状态。

而对于书法而言,这一时期的张旭、怀素狂草的出现,在中国书法艺术史上是一个重要的转折,也就是说,这一以个人情绪、精神以及身体引发的书写,让"文字"不再将其表达的重点落在字义之上。书法之所以成为"艺术",在这进行了自我证明,也由此,书法表现的可能不再仅仅成为文字意义表达的附庸,而成为了艺术自足的可能。如果说中国绘画一早就已经确定了自己的"艺术身份"的话,那么作为今草极致的狂草,则最大可能地让书法艺术成为了与绘画并峙的中国艺术的典型代表。

其中关键的人物,无疑就是张旭。

杜甫《观公孙大娘弟子舞剑器行并序》:"昔者吴人张旭,善草书书帖,数常于邺县见公孙大娘舞西河剑器,自此草书长进,豪荡感激,即公孙可知矣。"

公孙大娘之西河剑器之舞所引发的,已经完全溢出了身体性的"舞蹈",它甚至构建了中国艺术表现中的某种体验。杜甫这一诗歌的描写,从其前面部分的描写看,与其一贯的诗歌表现是有极大的差异的:

"昔有佳人公孙氏,一舞剑器动四方。观者如山色沮丧,天地为之久低昂。㸌如羿射九日落,矫如群帝骖龙翔。来如雷霆收震怒,罢如江海凝清光。……"

公孙大娘之舞对于中国古代艺术发展之意义,在于其揭示了艺术表现的另一种可能。我们甚至可以认为,这种身体性的人的行为,是否经由"公孙大娘"这一具体的身份来引发,其实并不重要,"公孙大娘"或"西河剑器舞"只是一种象征,它们指向的是一种艺术表现的"力"与"势"的存在。

《诗经·斯干》中"如跂斯翼,如矢斯棘,如鸟斯革,如翚斯飞"之句以飞动之态形容建筑,然则其形容却似乎可以适应于中国书法、绘画等形态的建构上,飞动之姿于人的形体活动中,则被典型地表现为舞蹈的形态。白居易《胡旋女》用诗歌描写舞蹈:"胡旋女,胡旋女。心应弦,手应鼓。弦鼓一声双袖举,回雪飘飘转蓬舞。左旋右转不知疲,千匝万周无已时。人间物类无可比,奔车轮缓旋风迟。……"胡旋舞在此已经成为了文字、语言的转换,形成了另一种精神的体验,其虽从舞蹈而来,却借其成就了诗歌的表达,因此可以看到,不同形式的生命迹象,相互之间是存在着转换的可能的。

关于舞蹈,苏珊·朗格在其《情感与形式》中认为,舞蹈就是一种虚幻的力的表现,就是虚幻的身体姿势创造中所蕴藏的力量和作用的表现。姿势是其重点,姿势的改造表现,是让一种"基本幻象"产生。而宗白华则具体描述了舞蹈与中国传统艺术的关系,在他看来"中国的绘画、戏剧和中国另一特殊的艺术——书法,具有着共同的特点,这就是它们里面都贯穿着舞蹈精神(也就是音乐精神),由舞蹈动作显示虚灵的空间。"(《中国艺术表现里的虚和实》)宗白华先生指向虚空间的存在,而苏珊·朗格则指向一种虚幻的力并转化为精神空间的存在,这二者间本质应该是一致的。而舞蹈对于张旭笔法悟道的作用究竟又在何处?当代著名舞蹈家林怀民与其舞蹈团体"云门舞集"于2001年创编了一台大型的舞蹈《行草》,如果从张旭观西河剑器舞所得到的书法笔意的体悟看,"云门舞集"《行草》之舞,则用反向之道对其进行了某种关联性的证明。

关于张旭笔法悟道,历来有过不同的说法,这其中宋代朱长文《续书断·神品》中所言就涉及了三个不同层面:"君草书得神品,或云君授法于陆柬之。尝见公出,担夫争路,而入又闻鼓吹而得笔法之意,后观倡公孙舞西河剑器而得其神也"。即其一,"担夫争路";其二,"闻鼓吹";其三,"观公孙舞西河剑器"。从这三者言,则似乎涉及了"力""律""势"三个不同的体会层面。

关于张旭悟笔及其表现,历来描述颇有差异,《太平广记》卷第二百八《书三·张旭》言张旭草书笔法后传崔邈、颜真卿,更引张旭自言:"始吾闻公主与担夫争路,而得笔法之意;后见公孙氏舞剑器而得其神。"又张旭每于酒醉之后为草书,以头发揾墨水而书之,挥笔大叫。醒后自视,以为神异而不可复得。以此也被称呼为"张颠"。这里面则言因观担夫争路而得笔法之意,因剑器舞而得笔法之神,并无闻鼓吹之说于其间。

而在陆羽《唐僧怀素传》中的张旭悟笔，则有了"孤蓬惊沙"一说：

"张旭长史又尝私谓彤曰：'孤蓬自振，惊沙坐飞，余师而为书，故得奇怪'，凡草圣尽于此。……至晚岁，颜太师真卿以怀素为同学邬兵曹弟子问之曰：'夫草书于师授之外，须自得之，张长史睹孤蓬惊沙之外，见公孙大娘剑器舞，始得低昂回翔之状，未知邬兵曹有之乎？'"

而沈亚之《叙草书送山人王传》则言：

"昔张旭善草书，出见公孙大娘舞剑器浑脱，鼓吹既作，言能使孤蓬自振、惊沙坐飞，而旭归为之书，则非常矣。斯意气之感欤。"

这里面却又少了"担夫争路"一说。

若综合各说，则张旭悟笔之道，就有了"担夫争路""闻鼓吹——孤蓬惊沙""观公孙舞西河剑器"三种不同的体悟。探究其中我们可以发现，三种不同的体悟指向了体悟笔意的三个不同的层面，而这三个不同层面，可以看成是艺术体悟的不同阶段，即从"力"的体悟再经由"自然之态"微妙之处的认识，最后在"意识状态"处获得最终体悟结果。

力者，为"担夫争路"。关于"担夫争路"历来也有疑义，《东坡志林·桃花悟道》言"担夫与公主争路"，而黄庭坚《谈道章帖》则言"观公主家担夫争道"，不管是否"公主"或"公主家"，或只是"担夫"，其实重点在于"争"字，也就是一种互不相让的"力"的表现。

自然之态者，则为"闻鼓吹——孤蓬惊沙"。从沈亚之所谓"鼓吹既作，言能使孤蓬自振、惊沙坐飞"中我们可以发现，这种人为的"鼓吹"音律与自然界中的孤蓬自振、惊沙坐飞的自然现象被体味为互为表征的某种状态。这种状态与艺术体悟之间的关系一如沈亚之所言："夫匠心于浩茫之间，为其为者，必由意气所感，然后能启其象也。此凡一举志则尔，而况六艺之伦乎。"（《叙草书送山人王传》）

意识状态者，为公孙大娘的西河剑器之舞，也是最终让张旭获得笔意之"神"的最高的层面。舞蹈并非完全的自然之物，而是一种人为编排再经由身体而表现出来的"基本幻象"（苏珊·朗格语）或"虚灵的空间"（宗白华语），它本身已经是一种人的精神、身体意识的产物，而它又试图通过一种拟自然的状态被呈现出来，无疑，这是一种具备了极高难度的自然与人的意识的融合过程，而优秀舞蹈家如公孙大娘的编排和完美展现所能打动的，对于艺术的体悟者如张旭而言，必然并不仅仅只是一种感官体验。

王朝闻主编《美学概论》中有："书法艺术虽然诉诸人的视觉，却并不再现客观现实的具体形象，因而欣赏书法艺术的经验，不仅与绘画有联系，而且与欣赏音乐的听觉经验有共同之处，而与具有较多表现因素的舞蹈，更有深刻的联系。"这或许就是书家取法之处了。

公孙大娘所舞西河剑器中所蕴含"力"的形、势，与书法笔意运转极为一致，唐孙过庭《书谱》中就以"奔雷坠石之奇，鸿飞兽骇之姿，鸾舞蛇惊之态"形容运笔行锋的状态。近人沈尹默认为"无论石刻或是墨迹，表现于外的，总是静的形势，而其所以能成就这样形势，确是动的成果，动的势"。（《书法论丛》）"动"与"势"若观照于公孙大娘剑器舞，则为雄妙意气，其生命意志被意识所组织、编排，呈现为身体的即时表现。郑嵎《津阳门诗》中言"公孙剑伎方神奇"，更有自注"有公孙大娘舞剑，当时号为雄妙"，司空图《剑器诗》则言"楼下公孙昔擅场，空教女子爱军装"，可见西河剑器舞所指向的"力"的强烈存在，舞蹈本多样，张旭狂草所体悟的舞蹈，是为雄妙意气之舞,而非软玉红香之姿。《历代名画记》中说:"开元中……时又有公孙大娘,亦善舞剑器,张旭见之,因为草书。杜甫歌行述其事。是知书画之艺,皆须意气而成,亦非懦夫所能作也。"而《明皇杂录·逸文》中则将体悟公孙大娘的西河剑器舞者换成了怀素:"舞者,乐之容也。有大垂手、小垂手,或象惊鸿,或如飞燕。婆娑,舞态也;蔓延,舞缀也。古之能者,不可胜纪。开元中,有公孙大娘善剑舞,僧怀素见之,草书遂长,盖壮其顿挫势也。"究竟是张旭还是怀素,如今很难明确,但综合各种描述,还是张旭说更为可信。而"壮其顿挫势"之语,才是书法悟道的要点。

张旭之笔法悟道,从史料记载中所能总结出来的,已经不仅仅只是"剑器"之舞,"担夫争道""闻鼓吹——孤蓬惊沙"等等莫不说明了其体悟草书笔意的主动性。笔意行动于心而写于书,也正是书者内心对于世间万物的生命状态、意识的体悟的直观体现,若无这种主动性的诉求,则书者的表现,必难免受到文字意义本身的羁绊。韩愈在《送高闲上人序》言张旭笔意悟道,认为其人本身就有着强烈的生命意识,其行事、遇事则表现出喜怒、窘穷、愉快、怨恨、思慕、随意酣醉等等更为真实的情绪状态,而这些情绪发于精神,每动于心,则"必於草书焉发之"。也因其对于精神状态的敏感,也就使得其对于世间万物的状态,更容易为其触动,并经由精神体验转化成为了草书的笔意。韩愈于是认为,张旭"观於物,见山水、崖谷、鸟兽、虫鱼、草木之花实、日月、列星、风雨、水火、雷霆、霹雳、歌舞、战斗、天地事物之变,可喜可愕,一寓于书",故因此张旭的狂草笔法之变动犹鬼神变化般不可测其端倪。

张旭的狂草在盛唐已颇为当时人所看重,并与吴道子的画、裴旻之剑舞并称三绝。《太平广记》中记其事,言吴道子与裴旻、张旭相遇,各陈所能。于是裴旻剑舞一曲,而张旭草书、吴道子画各一壁,"都邑人士,一日之中,获觏三绝",成为一时佳话。吴道子似曾师张旭而学其笔法,唐佚名《灌畦暇语》有"近吴道玄,亦师张颠笔法,而世传其画"之说。若此说可信,则"吴带当风"之笔法,与舞蹈之间也能找到其"势"与"动"的笔意联系。

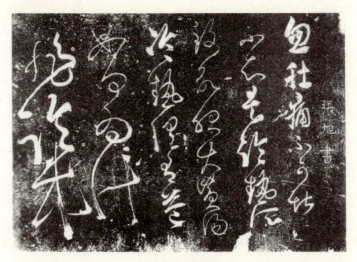

张旭《肚痛帖》

《独异志》中有一段吴道子与裴旻之间发生的故事,言将军裴旻为亡母祈福,而请吴道子于天宫寺画鬼神一事。吴道子对裴旻道:"废画已久。若将军有意,为吾缠结。舞剑一曲。庶因猛励,就通幽冥。"裴旻于是脱去缞服,若平常装饰而舞剑,其走马如飞,左旋右抽,最后掷剑入云而高数十丈,又若电光般下射,裴旻用手执剑鞘承之,宝剑准确地落在了剑鞘之中。观者数千百人,无不惊异莫名。"道子于是援毫图壁,飒然风起,为天下之壮观。道子平生所画。得意无出于此。"(《太平广记》卷第二百十二·画三:引《独异志》)《宣

55

和画谱》亦记其事。

裴旻剑舞所引发吴道子的绘画激情，与张旭体悟公孙大娘剑舞之间有着一定的联系却又有差异，一为激发，一为体悟，但内在却是一致的。故《宣和画谱》认为一如庖丁解牛、轮扁斫轮等典故般，皆以技进乎道，而"张颠观公孙大娘舞剑器，则草书入神；道子之于画，亦若是而已。况能屈骁将，如此气概，而岂常者哉！然每一挥毫，必须酣饮，此与为文章何异？正以气为主耳"。（《宣和画谱》卷二·道释二）于此，则谈到了"气"的问题，而所谓"气"与"意"之间的差异，往往是说不清楚的。黄庭坚就认为"意"为草书关键，在他看来古人作草书都是重视"意"在笔前的，如"锥画沙法""银钩虿尾""折钗股笔""屋坏壁漏"以及"公孙大娘舞剑器"等典故，意思其实相近，此类体悟之道，"乃能造微入妙，故可贵也"。（《谈道章帖》）

而对于笔法悟道之这一艺术可能，也有异议的存在。李白《草书歌行》中就认为万事贵在天生，他者的状态往往并不重要，公孙大娘的剑器舞是否真的对张旭的狂草产生过影响是值得怀疑的，其诗言"古来几许浪得名，张颠老死不足数。我师此义不师古，古来万事贵天生，何必要公孙大娘浑脱舞"。李白之说，当可聊备一格。

狂草在张旭之后，怀素成为另一个高峰，被当时人看成是张旭的继承人，二者并称，人谓"张颠素狂"，其重要作品如《大草千字文》《圣母帖》《自叙帖》《苦笋帖》《食鱼帖》等皆为草书经典。李白的《草书歌行》称赞怀素："少年上人号怀素，草书天下称独步，墨池飞出北溟鱼，笔锋杀尽中山兔……吾师醉后倚绳床，须臾扫尽数千张。飘风骤雨惊飒飒，落花飞雪何茫茫，起来向壁不停手，一行数字大如斗……"可见其时怀素草书声望之高。御史李舟评论怀素草书时说："昔张旭之作也,时人谓之张颠,今怀素之为也,余实谓之狂僧,以狂继颠,谁曰不可。"(见怀素《自叙帖》)别开狂草,以狂继颠,可以说,怀素真正确立了狂草之于中国书法中的重要地位。

宋人陶毅《清异录》曾记怀素年轻时以蕉叶代纸练字一事,又可见其学书之刻苦,后人形容其狂草"虽率意颠逸,千变万化,终不离魏晋法度"(明郁逢庆《书画题跋记》),可见并非一味狂放。

任华《怀素上人草书歌》:"张老颠,殊不颠于怀素。怀素颠,乃是颠。人谓尔从江南来,我谓尔从天上来。负颠狂之墨妙,有墨狂之逸才。"在任华看来,其由"颠狂"而入于书,怀素比之张旭更甚。以至于怀素狂草之书惊动帝都,王公大臣家家新造粉壁,"骏马迎来坐堂中,金盆盛酒竹叶香。十杯五杯不解意,百杯已后始颠狂。一颠一狂多意气,大叫一声起攘臂。挥毫倏忽千万字,有时一字两字长丈二"。这样的表现,比之张旭,确实是不遑多让。《书林纪事》记其天性疏放而不拘细行。嗜酒而曾经一日九醉,每每酒酣兴发,遇寺壁里墙衣裳器皿,靡不书之。其时人因目其书为"醉僧书"。尝自叙云:"醉来得意两三行,醒后却书之不得。"狂草与酒,确实意气相通,杜甫《饮中八仙歌》中"张旭三杯草圣传,脱帽露顶王公前,挥毫落纸如云烟",张旭、怀素与酒,已经成就了一段书法史上的传奇。

而怀素之于狂草之悟,也有故事流传,如陆羽《僧怀素传》中言其与颜真卿论书。颜真卿问怀素:"夫草书于师授之外,须自得之。张长史观'孤蓬惊沙'之外,见公孙大娘剑器舞,始得低昂回翔之状。未知邬兵曹有之乎?"怀素对曰:"似古钗脚,为草书竖牵之极。"颜公笑而不语数月不再言书法事,至怀素将辞之时,颜真卿才发自肺腑:"师竖牵学古钗脚,何如屋漏痕?""屋漏痕"者,迹自天然,怀素于是大悟。又陆羽《怀素别传》中言怀素悟狂草笔法而自谓"吾观夏云多奇峰,辄常师之,其痛快处如飞鸟入林,惊蛇入草,又遇坼壁之路,一一自然",这一自然之悟,或正自颜公"屋漏痕"处来。

关于笔法悟道,徐渭有着更为真切的理解,他所认识到的古人笔法体悟更加具体,在他看来,其中既有运笔之悟,又有点画之悟。比如古人所谓"蛇斗""舞剑器""担夫争道"而有所得法之说,开始是不甚理解的。"及观雷大简云听江声而笔法进,然后知向所云蛇斗等,非点画字形,乃是运笔",由此而开始理解"孤蓬自振""惊沙坐飞""飞鸟出林""惊蛇入草"等笔法体悟之法。而"壁拆路、屋漏痕、折钗股、印印泥、锥画沙"等等乃是点画形象,"然非妙于手运,亦无从臻此,以此知书,心手尽之矣!"(《徐文长文集》卷二·《玄抄类摘序》)

世人论历代书法艺术之发展,一个基本的看法是晋尚韵,唐尚法,宋尚意,元明尚态(清梁巘《评书帖》)。就唐代而言,其尚法更多指的是在楷书法度上的典范作用,而高峰无疑是颜真卿的表现。然在尚法之外,张旭、怀素的狂草却分明指向了尚意一极,与尚法之楷书构成了唐代书法艺术奇异的双峰,并开后世书风。除此之外,对于笔意的体味以及上升到书法理论的阐述,使得唐代书法成为后世典范,欧阳询《八诀》,虞世南的《笔髓论》,李世民的《笔法诀》,张怀瓘的《论用笔十诀》,颜真卿《述张长吏笔法十二意》可谓其中的代表。盛唐剑舞炫目夺神的表现,所指向的已经不是西河剑器舞本身了,宗白华先生就认为:"由舞蹈动作展示延伸出来的虚灵的空间,是构成中国绘画、书法、戏剧、建筑里的空间感和空间表现的共同特征,而造成中国艺术在世界上的特殊风格。"言语简赅却意味深远。张旭、吴道子、怀素于事物万象中所体悟艺术表现,打开了中国传统艺术自我表达的精神世界的阀门,贡献巨大。

徐黄体异与风格问题

　　建筑大师勒·柯布西埃在《走向新建筑》中认为"建筑跟各种'风格'毫无关系",意思是说建筑本来为功能而生,风格只是在后来才慢慢被生长出来的事物而已。而这样的话语模式,将其套用在"艺术"风格的发生,也是适用的,可以说,本来是没有"艺术"这样的东西的,进一步的描述就是,艺术跟各种风格毫无关系。

　　实际上中国古代的画论一早就注意到这一问题的存在,只不过其表述的方式略有不同而已。《历代名画记·叙画之源流》就认为绘画"成教化、助人伦、穷神变、测幽微,与六籍同功,四时并运,发於天然,非由述作"。又引陆机言:"丹青之兴,比《雅》、《颂》之述作,美大业之馨香。宣物莫大于言,存形莫善于画。"故《图画见闻志·叙自古规鉴》言"制为图画者,要在指鉴贤愚,发明治乱",这里所说的早期艺术,具备了典型的功能性存在的特点。

　　中国绘画艺术从人物、山水到花鸟,在其发展的过程中出现了艺术表现在风格追求上的逐渐强调,从早期的"曹吴体法"之于用笔取势的区别,到李成、关仝、范宽"三家山水"的各取山川意象,再到"黄家富贵,徐熙野逸"这一"徐黄体异"格调各取的追求,艺术风格表现完成了从技巧层面到精神层面的发展。这种风格的追求转向发展到了黄筌、黄居寀父子及徐熙这里,达到了中国传统绘画艺术风格塑造的第一个高峰。

　　《图画见闻志》中有"曹、吴二体,学者所宗"之说,按唐张彦远《历代名画记·论曹吴体法》中称"吴之笔,其势圆转,而衣服飘举;曹之笔,其体稠叠,而衣服紧窄"。故而被后人称之曰"吴带当风,曹衣出水"。所言"曹吴体法"中的曹、吴本非同时代人,"曹"说的是北齐曹仲达,"吴"为唐初吴道子,这两位所代表的人物画的表现手法本身就是一种发展的结果,曹前而吴后,如果从严格意义来说,是不能简单地放在一起比较的。但从艺术理论而言,这里已经发现了艺术表现的不同所在,并已经能够找到恰当的形容。"当风"和"出水"其实是一种对具体对象观察之后的用笔取势,其重点还是落在再现的手段上,将这种再现的差异性形容为一种风格的差异,还是颇为勉强的。

而中国传统绘画艺术对表现对象的观察和表现,在五代两宋则得到了更为充足的发展,这其中以李成、关仝、范宽"三家山水"为代表的山川意象各异以及其"皴法"的表现,成为了划时代的代表。

在郭若虚看来,"画山水唯营丘李成、长安关仝、华原范宽,智妙入神,才高出类。三家鼎跱,百代标程",可以说,后世山水画的成就,基本上就建构在李、关、范三家范式的基础之上。而所谓的取象各异,则表现在如李成画中"夫气象萧疏,烟林清旷,毫锋颖脱,墨法精微者";关仝画则"石体坚凝,杂木丰茂,台阁古雅,人物幽闲者";范宽之作"峰峦浑厚,势状雄强,抢笔俱均,人屋皆质者"。这里面的描述也趋大略,除了意象之外,三家在皴法上的表现是贡献更大的,其一改唐人单线勾勒的画法,运用所谓的重复线条的"皴法",如李成用以表现中原地貌的"卷云皴",范宽用以表现关陕地区山川的"雨点皴"等,三家皴法正是基于具体的北地山水所创制。而与此之外,更有以"披麻皴"描画江南山水之董源、巨然,如沈括所言"董源,工秋岚远景,多写江南真山,不为奇峭之气；建业僧巨然祖述董法，皆臻妙理"（北宋沈括《梦溪笔谈》），而董、巨画风更是成为了此后文人山水画的宗源。这些取象于具体山川形势而手段各异的"皴法"于是成为了后世山水表现的基本手段，而若从表现的层面而言，则依然属于技术层面的风格之异，但若与"曹吴体法"相比较，其技术风格的表现则显得更为成熟。

对于"三家山水"，其实郭若虚还有对其表现具体的描述，如李成之"烟林平远之妙，始自营丘。画松叶谓之攒针，笔不染淡，自有荣茂之色"；而关仝则是"关画木叶，间用墨搵，时出枯梢。笔踪劲利，学者难到"；于范宽则"范画林木，或侧或欹，形如偃盖，别是一种风规，但未见见画松柏耳。画屋既质，以墨笼染，后辈目为铁屋"。"风规"之说，岂非风格。

而对于中国古代绘画艺术风格的发展而言，"徐黄体异"之说，无疑是一个重要的理论判断。《图画见闻志》言："谚云：'黄家富贵，徐熙野逸。'不唯各言其志，盖亦耳目所习，得之于心而应之于手也。"这里面首先说明了三个问题，第一，"徐黄体异"在当时已经是一个基本的艺术判断，所谓的"谚云"，清晰地表明了这一点；第二，"徐黄体异"所指向的风格问题，重点落在"志"上，说的却是一种格调的取向，所谓"各言其志"者；第三，这种格调取向在于表现能力上，也即得心应手之说所系。

之所以在当时以"徐黄"并称，原因在于其所处时代相同又同为花鸟画表现大家，更重要的一点是其个人风格的明确存在。这二位的花鸟画表现所指向的格调取向一为富贵，一为野逸，一位来自蜀地，一位本依南唐。如陆游就用"闲将西蜀团窠锦，自背南唐落墨花"（陆游《斋中杂题》）句，以其本来所处地域的风物来状拟、形容这二位的绘画表现风格。

黄筌与其子黄居寀本来皆为五代时期孟蜀宫中画待诏，

孟蜀归附宋朝后,黄筌、黄居寀并入北宋宫中,"既归朝,筌领真命为宫赞,居寀复以待诏录之,皆给事禁中",成为了彼时画院领袖。其主要的表现多为写生作品,而题材又多取禁中所豢养珍禽瑞鸟并奇花怪石,"今传世桃花鹰鹘、纯白雉兔、金盆鹁鸽、孔雀龟鹤之类是也"(《图画见闻志》)。而二黄之题材选择,在时人看来,已经觉察到了与其所处场所有着莫大干系,即为皇宫富贵场所耳濡目染的皇家风尚所致。南宋的赵希鹄在其《洞天清禄集·古画辩》中就言"黄筌则孟蜀主画师,目阅富贵,所作多绮园花锦,真似粉堆,而不作圈线"。而从《宣和画谱》对于黄筌的描述看,他的艺术高绝处并不仅仅只是在花鸟写生上面,其"兼有众体之妙,故前无古人后无来者。今荃于画得之,凡山水野草,幽禽异兽,溪岸江岛,钓艇古搓,莫不精绝",可见其才能和影响是全方位的。《图画见闻志》也言其"(黄荃)善画花竹翎毛,兼工佛道人物、山川龙水、全该六法、远过三师"。

相比而言,徐熙则来自南唐故地,《图画见闻志·卷四·纪艺下花鸟门》言其本为江南士族,"熙识度闲放,以高雅自任,善画花木、禽鱼、蝉蝶、蔬果,学穷造化,意出古今"。徐熙在当时颇有画名,其人本为江南处士而志节高迈,放达不羁。其作多状拟江南风物,与其生存的地域风貌也有直接联系,如其更为喜欢表现的汀花野竹、水鸟渊鱼等题材,都是南唐故地所特有的风貌之表现,《图画见闻志》所言"今传世凫雁鹭鸶、蒲藻虾鱼、丛艳折枝、园蔬药苗之类是也"。虽也可归为写生之作,但与二黄相比较,却将对象落在山野自然之所。因此《洞天清禄集·古画辩》将其与黄筌所写相比较,"徐熙乃南唐处士,饱腹经史,所作寒芦荒草,水鸟野凫,自得天趣",重点就落在"天趣"二字上。

而在《图画见闻志》中,除了注意黄、徐的题材对象、场景之区别，更细致地注意到了在具体表现上的风格的差异，黄筌所画"翎毛骨气尚丰满，而天水分色"而徐熙"又翎毛形骨贵轻秀，而天水通色"，在整个画面的控制上，最大的区别就是一位表现得"天水分色"而另一位则"天水通色"，一位试图清晰化对象，一位则试图做出情景融化。

由于现在很难确切知道哪些作品是徐、黄所制，因此只依凭文字的描述，是很难做出我们当下所谓的优劣判断的，然则在当时对于这二家艺格，却已经各有不同的品评。以《图画见闻志》为代表者就认为二家各有春秋、各擅胜场，并明确了地域性的差异，言论中允不论高下："聊分两家作用，亦在临时命意。大抵江南之艺，骨气多不及蜀人。而萧洒过之也。二者犹春兰秋菊，各擅重名。下笔成珍，挥毫可范。"

而在北宋刘道醇《圣朝名画评》中我们就看到，在宋初，世间普遍对这二家的看法，多为推崇黄筌以及与其相近的赵昌，"盖其写生设色，迥出人意"，然而在刘道醇看来，黄筌、赵昌之画实际上是不如徐熙的，他认为"筌神而不妙，昌妙而不神，神妙俱完舍熙无矣"，徐熙之画，已经是达到神妙俱备的境界了。

但在两宋，以画院体系的写生传统而言，二黄的画风却是占据了话语权的，以至于成为了当时画院评判画者优劣的标准。如《宣和画谱》中《黄居寀传》就有："筌、居寀画法，自祖宗以来图画院为一时标准，较艺者视黄氏体制为优劣去取。"而在《崔白传》下也有："祖宗以来，图画院之较艺者，必以黄筌父子笔法为程式。"由此可见二黄在当时画坛的地位，我们从现存的两宋院体画中的写生花鸟略可体会到二黄画风之所在。

在两宋年间，徐熙画风一直都是颇受打压的，或者说，若想在宋朝画院中获得上升的空间，只能是依附二黄画风，比如徐熙的儿子徐崇嗣的艺术变格。苏辙《栾城记》卷七《王诜都尉宝绘堂词》自注:"(徐熙)其子嗣变格,以五色染就,不见笔迹谓之没骨。蜀赵昌盖用此法耳。"黄筌、赵昌为蜀地画风,徐崇嗣变其父"徐熙画花,落墨纵横"的风格而就黄、赵程式,可见世风所在。《图画见闻志·卷六·近事》"没骨图"中就记有徐崇嗣用五彩没骨画芍药一事,言少保李端愿有芍药图,"其画皆无笔墨,惟用五彩布成。旁题云:'翰林待诏臣黄居寀等定到上品,徐崇嗣画没骨画。'以其无笔墨骨气而名之,但取其浓丽生态以定品,后因出示两禁宾客,蔡君谟乃命笔题云:'前世所画皆以笔墨为上,至徐崇嗣始用布彩逼真,故赵昌辈效之也。'"

究竟是赵昌学了徐崇嗣,还是徐附赵法,苏辙与郭若虚语中略有矛盾之处,但共同之处则在于五彩没骨的画法上。沈括《梦溪笔谈》卷十七《书画》中就言:"诸黄画花,妙在赋色,用笔极新细,殆不见墨迹,但以轻色染成,谓之写生。"赋色新细、不见墨迹之说其实是二黄画风之于画院体系一个重要的表现,即苏辙所谓"不见笔迹"者。但郭若虚却有自己的看法,在他看来,徐崇嗣、赵昌之类,并非是完全不要笔墨的。他认为对于徐崇嗣来说,这种没骨五彩之法可能只是遇兴偶作,并非他最主要的艺术表现手段,其后来所画,未必皆废笔墨。而对于赵昌而言亦非全无笔墨,毕竟六法之中,"骨法用笔"只在"气韵生动"之下,可见其对于画者的重要性,对于赵昌来说,只是由于其"笔气羸懦,惟尚傅彩之功"而已。

其实最后的问题就落在了"笔墨"和"赋彩"上面。二黄画风以五色染就不见笔迹为主要表现,而徐熙画风则体现为落墨纵横之态。徐铉就云其"落墨为格,杂彩副之,迹与色不相隐映也"。(《图画见闻志·卷四·纪艺下花鸟门》)。而沈括则言"徐熙以墨笔画之,殊草草,略施丹粉而已,神气回出,别有生动之意"。(《梦溪笔谈》卷十七《书画》)在沈括的描述中,较之二黄、赵昌辈而言,徐熙的画风看来是更受其推崇的。其关注欣赏之处就在其画中那种神气回出、生动之意,而这些,终非花锦粉堆的二黄画风所能产生,必在其墨笔草草之间溢出。

在宋代文人眼里的徐熙笔墨,自是另一番气象,苏轼在《跋王进叔所藏画五首·徐熙杏花》中言:"江左风流王谢家,尽携书画到天涯。却因梅雨丹青暗,洗出徐熙落墨花。"而陆游《斋中杂题》也有"闲将西蜀团窠锦,自背南唐落墨花"句。苏轼用了一个"洗"来状拟徐熙落墨表现的天然之态,而陆游则将其与二黄画风若蜀锦做了对比强烈的比较,南唐落墨花的天机自然无疑更是其欣赏所在。

日人田中丰藏氏在《南唐落墨花》一文中认为:"毋宁说,徐熙首先以墨笔的挥洒来捕捉大要,然后轻轻地点染彩色,它所表现的,与其说是花卉的形态、形似,不如说是它们的精神、气韵。"徐熙这种"落墨花"的表现,在北宋刘道醇看来,气格高标近乎造化天然之功,甚至可以列为神品了,在《圣朝名画评·花竹翎毛门第四》中:"(徐熙)必先以其墨定其枝叶蕊萼等,而后傅之以色,故其气格前就,态度弥茂,与造化之功不甚远,宜乎为天下冠也。故列神品。"

在自撰的《翠微堂记》中徐熙自述其绘事,言其每落笔之际,一贯不以傅色晕淡细碎为其主要追求,可见他对于二黄五彩没骨画风的态度是极为明确的,落墨草草的艺术表现风格实际上就是其对于笔墨背后精神世界的基本态度。

曹吴笔势,三家各异,并未涉及更为深入的精神取向,可以说基本上尚处于技术性层面的风格差异。而徐黄体异却涉及了精神层面的风格问题。

徐熙与黄筌在表现上的态度还是差异性较大的。黄筌虽能兼众体之妙,其写生花鸟一如蜀锦之堆彩富丽夺魄眩目,然却更多成为一种被观看的他者的存在,从这一点上看,技术的成分被更多地加以关注。而徐熙画风以落墨野逸之姿,试图参知造化,表现天机自在的状态,画之气格即人之气格。因此也就不难理解,在两宋后期,徐熙画风在文人士大夫阶层中获得了更高的评价,其原因就在于,其艺术行为中造化天然的气格追求,与追求人格修养的文人士大夫的精神追求是更为契合的。

至此,绘画的功能性已经完全脱离了最初成教化、助人伦的基础作用,而成为了一种精神性的功能性存在。"徐黄体异"虽然涉及的是中国传统绘画艺术的再现和表现的问题,但实际上还是艺术取向的选择,从技术到精神的不同取向,从被动的再现到主动的表现,风格的产生也就自然而然了。

林泉高致的理想

中国绘画体系里面,山水画的影响无疑是巨大的,自两宋以后,山水画更是成为中国绘画的主流,而其隐藏在艺术表现背后的精神体系,更成了中国艺术精神的主体存在。山水画的发展,正是是历代文人士大夫阶层精神世界的视觉呈现。

从南朝宗炳的《画山水序》到五代荆浩的《笔法记》至北宋郭熙山水画背后的"林泉高致"之说,可见自然山水背后隐藏的精神符号意义。自然山水与文人士大夫阶层的精神世界,通过山水画的视觉呈现进行了转化。

文人士大夫在日常生活中多好经营园囿,其原因与山水画的发展本为同源。董其昌在《兔柴记》中言"宋人有云:'士大夫必有退步,然后出处之际绰如。'此涉世语,亦渊识语也"。董思白以己推人,思度宋人之以退为进,可谓对宋代文人士大夫的心志白描。

而山水画所提供的,无疑又是另外一条涤荡心性的更为便捷的途径。

山水画背后所蕴藏的文人士大夫阶层的山水精神,在早期的宗炳《画山水序》中,可以看到比较清晰的表达,也清晰地表达了文人士大夫对于山水的态度:

"圣人含道暎物,贤者澄怀味像。至于山水,质有而灵趣……又称仁智之乐焉。"其最重要的是"夫圣人以神法道,而贤者通;山水以形媚道,而仁者乐。不亦几乎?"在这种追求底下,图画的作用就被彰显了出来,士大夫们于是"闲居理气,拂觞鸣琴,披图幽对,坐究四荒,不违天励之藂,独应无人之野。……余复何为哉,畅神而已"。

山水仁智之游本为文人士大夫的精神追求,在修齐治平选择的同时,道家却成为他们追求内心世界的另一种选择,"披图幽对"的山水画,于是成为实现这一精神追求的有效的存在。

我们总是能在很多文人士大夫的做法和追求上看到这二者一体的矛盾存在,比如李白、苏轼。李白的《独坐敬亭山》,就是一种道家追求的坐忘,但在李白同样有着"长风破浪会有时,直挂云帆济沧海"的人生期待。而山水间的"坐忘"则成了一种过程和目的。这一从道家精神出发的"坐忘"成为盛唐之后精英阶层向往山水、追寻内心的理论基础。

道家思想于是更多地成为文人士大夫阶层表现其作为个人存在的一种手段,在某种程度上这是一种内心的需求,也是一种态度。在修身、齐家、治国、平天下的儒家传统的同时,道家的修心成了一种内化的品格。山水于是成为一种象征,一种指向明确的符号。文人士大夫之于山水,其重点不在山水,而在于远离世俗的山水之境对于作为欲望汇聚之地的人世间的一种过滤和目的性屏蔽,那么对于他们而言,山水画其实就是最好的精神指向,也成了其追求的象征。

中国古代艺术史历来将以文人精神为代表的山水画的确立落在了王维身上,虽然与此同时也都承认,这些更多的只是基于文献的描述以及对于王维的精神世界及其生活空间的指向性想象。从某种意义上来说,王维的精神世界及其辋川别业,在此后的文人士大夫阶层那里,成了山水精神的代言,甚至成了水墨画精神的代言,王维诗中所指向内心的山水精神的追求和对世事的逃避,被表现得淋漓尽致。因此我们也看到,文人士大夫们念念不忘的山水精神落在现实里，就表现为对于山水画的创作追求，这也成了他们创造精神世界的动力。

而真正奠定山水画格局的，或许算是《笔法记》的作者五代时期的荆浩。而这一山水画理论的集大成者，却在《林泉高致》中，"林泉高致"一词，更成为山水精神最经典的符号。

《林泉高致》以山水画而指向文人士大夫阶层的林泉之志，从《林泉高致·山水训》中略可窥彼时士人对于山水的基本态度。在他看来，君子之所以爱慕、亲近山水，其原因在于，"丘园，养素所常处也；泉石，啸傲所常乐也；渔樵，隐逸所常适也；猿鹤，飞鸣所常亲也。尘嚣缰锁，此人情所常厌也。烟霞仙圣，此人情所常愿而不得见也"。而这些在现实里只能是依凭山水图像来得以神游遂愿，山水画的创作动机实源于此，"此世之所以贵夫画山之本意也。不此之主而轻心临之，岂不芜杂神观，溷浊清风也哉！画山水有体，铺舒为宏图而无余，消缩为小景而不少"。而在他看来，观看、体味山水画的过程也与观画者的追求和素养有莫大的关系，即"看山水亦有体，以林泉之心临之则价高，以骄侈之目临之则价低"，画者与观者的心境契合，成为文人山水画创作的基本追求。

郭熙的山水画无疑就是他这些山水理念的视觉显现。

苏轼有"玉堂昼掩春日闲，中有郭熙画春山"之句，黄庭坚发苏轼之意，语其"玉堂卧对郭熙画，发兴已在青林间"，更是将苏轼的精神之地进行了一个空间的转换，郭熙的春山于是提供的是一种精神的出游。

这种精神的出游如《林泉高致》所言，世间言山水画所创造的精神空间之所以能产生，其内必有可行、可望以及可游之处，更有可居处的存在，于此，才能让精神之虚幻落入某种转换的真实中。能够称之为妙品的山水画，必然是从现实山水中有所取舍的表达,"君子之所以渴慕林泉者,正谓此佳处故也。故画者当以此意造,而鉴者又当以此意穷之,此之谓不失其本意"。

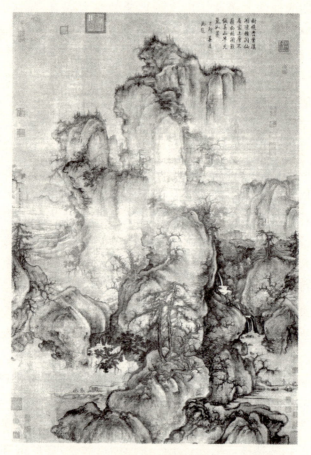

郭熙《早春图》

　　山水画在两宋的盛行表现在李成、范宽、燕肃、郭熙、刘松年等山水巨构中,山水画屏也因此成为了一个符号,并落入了文人士大夫阶层的生活空间里。

　　而山水画所依托的屏风上也寄托了江湖山川之梦,如

"乞君山石洪涛句,来作围床六幅屏。持向岭南烟雨里,梦成江上数峰青"(曾几《求李生画山水屏》)。山水画中表现四时景色变换的主题,在南宋,已是一种比较常见的表现模式。

林泉高致的背后,是文人士大夫的生活。王辟之《渑水燕谈录》卷八《事志》中就记有唐彦猷事:

"唐彦猷,清简寡欲,不以世务为意。公退居,一室萧然,终日默坐,惟吟诗、临书、烹茶、试墨,以此度日。"

唐彦猷日常的生活状态,可以看成是文人士大夫理想的典型,默坐、吟诗、临书、烹茶、试墨诸事,正是多数文人士大夫居家修身的必由之路。也可看成是儒家"内圣外王"者对于生活日用的态度。

王禹偁《黄州新建小竹楼记》中,试图建构一个与文人士大夫精神追求更为契合的空间:"远吞山光,平挹江濑,幽阒辽夐,不可具状。夏宜急雨,有瀑布声;冬宜密雪,有碎玉声。宜鼓琴,琴调虚畅;宜咏诗,诗韵清绝;宜围棋,子声丁丁然;宜投壶,矢声铮铮然:皆竹楼之所助也。"各种美好真是让人神往。公事之余,披鹤氅着华阳巾,烦杂霄壤为之澄净。文人士大夫精神的理想之地,恐不过如此。王禹偁的描述,看起来更像是用文字所进行的一次山水画的创制。

这些种种,到最后说的,对文人士大夫而言,不过就在"修养",也即精神的陶养上面,《林泉高致·画意》言"世人止知吾落笔作画,却不知画非易事。庄子说画史'解衣盘礴',此真得画家之法。人须养得胸中宽快,意思悦适,如所谓易直子谅,油然之心生,则人之笑啼情状,物之尖斜偃侧,自然布列于心中,不觉见之于笔下"。这种胸臆宽舒的精神追求,虽言画家笔意,说的却是文人士大夫入世出世间的阴阳调剂之道,其目的也正是一种现实的平衡,貌似一种隐逸者的精神描述,其真实处却非山林,而是"内圣外王"的一种途径。

具体到画家的创作,则为:"今执笔者所养之不扩充,所览之不淳熟,所经之不众多,所取之不精粹,而得纸拂壁,水墨遽下,不知何以掇景于烟霞之表,发兴于溪山之颠哉!"(《林泉高致·山水训》)其最后的目的,即为有效地掇景发兴。

徐复观认为,对于文人士大夫与山水画背后的山水精神的关系而言,这里所谓的人的精神,因为凭借着山水的精神而得到某种超越,然而从中国文化特性出发的这种超越,并非是那种一去不返的状态,而是表现为"在超越的同时,即是当下的安顿,当下安顿于山水自然之中",不过在徐复观看来,并非只要是"山水"就能提供这种安顿"人生"的作用,这种山水自身必然要展示出其与人关系密切的状态,也即郭熙所谓的可行、可望以及可游山水的形相,"此种形相,对人是有情的,于是人即以自己之情应之,而使山水与人生,成为两情相洽的境界;则超越后的人生,乃超越了世俗,却在自然中开辟出一个更大更广的有情世界"。(徐复观《中国艺术精神》)

林泉高致的理想,就在这种人与自然两情相洽的努力之中。

山水精神下的赋彩与墨色

　　山水画的态度是暧昧的,既有出世的一面,又试图强调自己的存在感,这种试图表达的"坐忘",表现出来的是矛盾。山水画里"青绿"与"水墨"的分化表明的正是精神上的一种矛盾。墨分五彩的墨和"玄"之间,产生了一种新的联系。

　　山水画从唐代开始走出了两条道路,以色彩的名义,"青绿"与"水墨"背后,是看待世界的不同观念,牛克诚先生在他的《色彩的中国绘画》中描述这一现象时用了"生长"一词:

　　"在以中唐为分界的中国文化前期与后期的精神气候中,分别生长着'色彩'与'水墨'这两种绘画语言形式。"

　　这种"生长"其实更是一种观念的突破,绘画的语言形式背后是看待事物的观念的体现,从这一点看,色彩成了艺术观念生长、多样化的突破口。唐代的绘画,以郑午昌先生言,实可称之为中国绘画史最关键的时代,郑先生形容其为"中枢":

　　"若论唐代在我国绘画史上之位置,实可称之为中枢。盖言人物画,则能承先代之长而变化之;言山水画,则能应当代之运而光大之;言花鸟画,则能发萌孵化,为后代培其元气。凡我国各种重要之画门,于唐代已皆褒然有集大成之势。其后如五代如宋诸朝之绘画,要无不以此为昆仑而分脉焉。"(郑午昌,《中国画学全史》)

　　郑先生的话语中最关键的莫过于山水画了。实则山水画在这时代以其独立的形态从人物画中脱胎而出,青绿山水是其最早的表现模式,水墨山水则又从青绿山水中别开一枝。

　　山水的精神追求,最后呈现的正是宗炳《画山水序》中所谓"以形写形,以色貌色"手段表现的山川对象,而画者描画山水的目的,正是时时可以通过这种视觉的再现,让自己可以"披图幽对,坐究四荒"。如果说对于山水的追求有孔子所谓"智者乐水,仁者乐山"这份儒家的思想根源在其中,那么《画山水序》里面表现得更多的却是属于道家的或者更加具体说是属于庄子的那种态度。如果我们暂且搁置"精神",宗炳的形、色的表现手法和顾恺之《洛神赋图》中的山水表现,也是非常一致的。

　　山色近青远幽,这是自然现象,宗炳的"以形写形,以色貌色"表明了这一时代对于视觉对象再现时的写实态度,青、绿的自然之色是一种真实,对于试图通过画图来寻求那种身居斗室心游山水之间情景置入的文人士大夫阶层或者画者,山水的真实对这一虚拟场景的展现无疑是极为重要的。从谢赫《古画品录》中"随类赋彩"的说法中,可见当时的色彩再现观念。

　　青绿山水表现的高峰之一当是唐朝李思训、李昭道父子的青绿山水成就。但就在这一青绿山水的高峰期,另一个对中国绘画史影响深刻的艺术形态也开始出现,而其重点,却非图式,而是色彩,那就是代表着"水墨"的"黑白"观念的兴起。

　　从"以色貌色"到"黑白",中国色彩观念中真正的观念性色彩在艺术领域里开始展示,并将在此后的历史进程中逐渐成为中国传统艺术色彩观的主流思想。牛克诚先生在他的《色彩的中国绘画》描述水墨画之于中国绘画史的出场:

　　"在唐代,中国古典色彩绘画的体制,已在魏晋南北朝时期'体制初创'的基础上而趋于完备,它在'积色体'与'敷色体'这两种体式中,完成了山水画、人物画、花鸟画等的语言建设;而当这种语言达到了在古典绘画的观念、工具、材料限度内的相对饱和时,一种失去'色彩'的绘画语言——水墨画正在觊觎它的主流绘画的位置。中国绘画样式与语言发展史上最具影响力的一幕——色彩与水墨在绘画语言中的主角之争,也就在唐代悄然上演。"

在这一描述中,水墨代表的是与"色彩"相反的另一面,这一语境中,水墨所运用的黑和白就成为了一种"非色彩"的视觉表现手段。但我们不禁疑惑,在代表着中国传统色彩的五正色之中,黑白赫然而立,若不以色彩视之,这无疑是色彩观念史上的一个大事件。而且,这背后包含着的看待事物的方式,其观念性改变之于思想史的意义则更加深刻。

有关水墨作为艺术手段的出现较早的记载是《历代名画记》中"(殷仲容)善书画,工写貌及花鸟,妙得其真。或用墨色,如兼五彩"。殷仲容为初唐人,其用墨而兼有五彩的描述可见对于墨的表现手段已经开始有了发展,不再仅仅用于写形。但殷仲容的"或用"说明的是"墨"作为主要手段偶尔为之的做法,水墨在此时还不是作为艺术表现的独立形态出现。真正开拓发展了水墨表现的是王维、郑虔、张璪等,事见《历代名画记》,其中王维更是被后人奉为水墨画的开山祖师。

张彦远《历代名画记》中对于水墨有特别的推崇,对于此后水墨的兴盛起到了推波助澜的作用,毕竟在唐代,水墨虽已兴起,但当时的还是以敷色为主,山水画中青绿山水依然占据主流。水墨在此还属草创,但张彦远在《历代名画记·论画体工用拓写》中有关墨具五彩的这一段发挥表述,却成了此后水墨的经典理论,关于水墨的理论发挥,大多源自于此:

"夫阴阳陶蒸，万象错布。玄化亡言，神工独运。草木敷荣，不待丹碌之采；云雪飘扬，不待铅粉而白。山不待空青而翠；凤不待五色而绰。是故运墨而五色具，谓之得意。意在五色，则物象乖矣。"

在这里，墨已经不单单只是作为"黑色"的意义了，墨具五彩就将这一以黑色相表现出来的"墨"色凌驾于其他色彩之上了，在这一点上，"墨"其实指代的是"玄"了。中国传统色彩系统中统辖众色的"玄"，在这里以一种变化之源的状态出现在艺术形态之中。

张彦远这段话里的关键其实不是有关墨具五彩的断言，而是"阴阳陶蒸"和"玄化亡言"。这里面却是属于道家的那种态度。道家所谓的阴阳变化中，"玄"与"无"皆为"有"之始，老子关于阴阳、有无的辩证，是道家思想的重点。张彦远的"山不待空青而翠"，说的正是从"墨""玄""无"出发的表现，黑白之黑由此开始了其在艺术表现中指向阴阳、有无的哲学思考，色彩成为了观念的表现。

而对于色彩，道家思想里面早有态度。在《道德经》里五色与五音、五味等成为了欲望之源。而如何解决这一问题，在庄子那里则是"灭文章，散五采，胶离朱之目，而天下始人含其明矣"。这些说法在崇尚道家学说的精英阶层里一定是颇有影响的。而老子的"知其白，守其黑，为天下式"则让"黑白"成为了主动抛却五彩以求澄明的一种手段和观念象征。

由此可以认为，水墨画中关于墨具五彩，并以黑白指代五彩并溢出色彩之外，用以指向世间万物的做法，是中国色彩观念的一个重要事件。它通过视觉表现的形式揭示了中国传统思维里面有关事物表象及本源的思考。水墨画黑白世界的创造，是通过艺术表现试图寻求世界本源的精神提纯过程。

另一个关键的色彩事件就是以墨具五色而展开的水墨画的出现。哲学思维开始进入到了艺术表现之中,这背后是一种看待事物本质的思维转变。中国的传统色彩观念在这里开辟了另一种构造艺术、精神世界的新的方式,其影响在此后将远远超出所谓的艺术的范畴,更超越造物思想之外。

但不管是水墨还是丹青赋彩,毕竟都还要有所表现,唐人对于墨色已有"或用墨色如兼五采"之说,可见对于墨色的理解早已超出了五色之黑的范畴,而是试图独立成为一个色彩体系了。

宋代的画者对于墨色有着更加深刻的理解,墨分五色这种试图建立独立色彩表现体系的可能被具体化。郭熙的《林泉高致》中对于墨色有着非常具体的区分及描述,淡墨、浓墨、焦墨、宿墨、退墨、厨中埃墨、青墨各有各的表现,墨分五色的技术手段已经非常完备了。水墨的色彩表现体系在宋代可以说是被完全建立起来了。

而墨色在米芾、米友仁父子二人的墨法中有着更出其妙的表现,清朝方薰《山静居画论》中论二米墨法:

"昔人谓二米法,用浓墨、淡墨、焦墨尽得之矣。仆曰直须一气落墨,一气放笔;浓处淡处随笔所之,湿处、干处随势取象,为云为烟,在有无之间,乃臻其妙。"

米芾的水墨我们现在很难看到,但从米友仁的山水画中我们可以真切地感受到这一点。水墨之色彩表现方式于文人士大夫而言,确实是一种精神性、思想性的转化。

而有关绘画,孔夫子早就有过"绘事后素"的精彩表达,这对于由唐入宋的文人士大夫阶层在绘画表现手段的选择上,必然起着指导性的作用。水墨正是其中最佳的选择。苏轼曾题尹白所画墨花牡丹:"造物本无物,忽然非所难。花心起墨晕,春色散毫端。"苏轼诗中的这种表述有着非常典型的北宋士人的思想根源，墨色并非对象的视觉呈现，在苏轼这里，其实已是是一种物的再造。

　　而与此同时，源头长远的画院制度下的宋朝绘画，由于黄筌、黄居寀父子为代表的这一批画家的作用，使得院体画在表现手段上有了新的发展。黄氏的积色以及徐熙的落墨、徐崇嗣的"没骨"敷色可以看成是这种发展的关键表现。色彩的绘画表现在这一画院传统中得到了延续，与文人画的水墨选择形成了双峰并峙的局面。宋徽宗、王希孟、高克明、崔白可谓代表。

　　就算是院体画，我们发现，宋代在色彩的表现上与唐代相比更多显得赋色淡雅的。从"他日当不愧小李将军"（黄庭坚，《跋王晋卿墨迹》）的王诜画中，我们可以明显发现王诜和小李将军李昭道的青绿山水之间色彩表现的巨大差异。

无声诗:诗中有画、画中有诗

"诗中有画,画中有诗"语出苏轼对于王维诗画的形容,这样的形容对中国传统艺术来说是极具代表性的表现,对于绘画而言,画中诗意的表现状态,成为宋后绘画的评判标准之一。在苏轼看来,诗画之间有着某种必然的联系,即"论画以形似,见与儿童邻。赋诗必此诗,定非知诗人。诗画本一律,天工与清新"(《书鄢陵王主簿所画折枝二首》),诗画一律之说,以苏轼的阐释最为明晰。而这种以诗歌语言来评判视觉艺术呈现的优劣,是极具中国传统艺术的典型性的。

诗画这一紧密的相援关系在中国艺术历史进程中并不是一开始就出现的。诗歌、绘画在早期虽有近似相类部分,但其各有各的基本功能也各有其最初的发展。两晋南北朝虽有相互关系的描述,但并不明确。较早出现明确的诗、画关系的,则要到唐朝,比如题画诗的出现,杜甫可谓其中代表,清王士禛《蚕尾集》云:"六朝已来题画诗绝罕见,盛唐如李太白辈,间一为之,拙劣不工。……杜子美始创为画松、画马、画鹰、画山水诸大篇,搜奇抉奥,笔补造化。……子美创始之功伟矣。"但这还没涉及到诗中画、画中诗的问题。略早于杜甫的王维虽在两宋以后被推崇为诗画相援的典范,但在其时代中,这一艺术表现的手段和判断还没有被主动追求。这种主动性出现在晚唐。徐复观认为唐末已经明确有画家以诗歌为题材来进行作画,而以作诗的方法来作画则初见北宋如李公麟等的表现上,《宣和画谱》李公麟条下所言"盖深得杜甫作诗体制,而移于画"。有关诗中有画、画中有诗的诗画融合以及其理论阐述,在北宋开始被明确的提出来并被诗、画家们所实践。

诗歌对于中国传统而言,其最早的意义表达之一如孔子有云"兴于诗,立于礼,成于乐",诗歌具备了其社会性的功能存在,于是我们可以看到《诗经》《楚辞》的伟大表现,可以说,诗歌比之绘画,更早地成为了中国先人发"兴"咏美的选择,具体到《诗经》和《楚辞》,更是落在了情、景的表现上,这其中,视觉成为了诗歌语言手段的一种选择。钱钟书"窃谓《三百篇》有'物色'而无景色,涉笔所及止乎一草、一木、一水、一石,即傅色揣称,亦无以过《九章·橘颂》之'绿叶素荣,曾枝剡棘,圆果抟兮,青黄杂糅。'《楚辞》始解以数物合布局面,类画家所谓结构、位置者,更上一关,由状物进而写景。即如《湘夫人》数语,谢庄本之成'洞庭始波,木叶微脱',为《月赋》中'清质澄辉'之烘托;实则倘付诸六法,便是绝好一幅《秋风图》"。钱先生实则上已经是带着诗画相援的观点进入到这一有关《诗经》《楚辞》的情景解读了。

早在晋代,陆机就涉及到了以诗为代表的语言与画之间的关系。在他看来,"丹青之兴,比雅颂之述作,美大业之馨香。宣物莫大于言,存形莫善于画"。虽然可以明确看到,最后的传达必经由语言,而图像有着它传播信息的途径所在,其存形的功能又是语言所无法替代的。与此同时,陆机又看到了"丹青"与"雅颂"二者之间的联系。于是我们可以在张彦远《历代名画记·叙画之源流》中看到他对图画兼有叙事、载形、咏美功能的赞赏:"记传所以叙其事,不能载其形;赋颂所以咏其美,不能备其像;图画之制,所以兼之也。"而诗中画或画中诗最后则成为了一种相互依存的中国艺术传统,并成为了一种评判优劣的标准,视觉和语言相互转化的可能性在这里被强调了出来。

　　画中诗之"诗"在很多时候，被转换成为了直接的"声"。王维在其《为画人谢赐表》就对绘画与声音的关系有过一番表述："乃无声之箴颂，亦何贱于丹青。"而黄庭坚更是多次用"无声诗"来形容画中有诗的这种视觉表现，如其谈李公麟："李侯有句不肯吐，淡墨写作无声诗。"又在其《写真自赞》言："诗成无象之画，画出无声之诗。"钱鍪《次袁尚书巫山诗》言"终朝诵公有声画，却来看此无声诗"，诗为有声画，画为无声诗，"声音"成为了诗、画相互间的最直接、最基础的转换表征。

　　但这一以"声音"为表征的转换，却又是复杂的。周孚就有"东坡戏作有声画，叹息何以为赏音"（《蠹斋铅刀编·题所画梅竹》）句，涉及了这一转换之后的意义所在。

　　诗有诗的存在意义，画也有画本身的存在意义，当这二者被人为有目的地加以相互转换或相互融合时，必然会涉及某些问题，即诗的语言与视觉之间是否存在着可供相互融合与转换的机制。对于文字语言，陆机在《文赋》中就提出了"虽离方而遁圆，期穷形而尽相"的说法。具体到诗歌，在文字的基本意义表达之外，更期待通过某种语言逻辑的适当隐形，而让这种文字的表达过程成为寻找隐匿者的过程，这一隐匿的被发现，就在于情、景之体味显现。那么对于画来说，情、景却一开始就被以视觉的"形"所试图揭示，然则，"形"的直接，却无法真正去揭示情、景的内在意味。苏轼《画水记》言孙位："画奔湍巨浪，与山石曲折，随物赋形，尽水之变，号称神逸。"而《滟滪堆赋》则又言"江河之大与海之深，可以意揣，唯其不自为形，而因物以赋形，是故千变万化而有必然之理"。这种"必然之理"正是一种事物隐形的逻辑，画之形如何赋以变化，则"必然之理"成为了可能的手段。遍照金刚《文镜秘府论·地卷》有"形似体者，谓貌其形而得其似，可以妙求，难以粗测者是。诗曰：'风花无定影，露竹有余清.'……此即形似之体也"之语。可见，视觉之"形"的感觉，如何被语言逻辑所组织引导，以期达到"穷形尽相"的目的，也即从视觉表象背后所体味或解读到的"诗性"所在。明代李贽《诗画》言："改形不成画，得意非画外。……画不徒写形，正要形神在，诗不在画外，正写画中态。"画中之"形"如何被活化为某种"态"的存在，也即那种被"穷形尽相"的"相"，是诗、画相互存在关系的关键所在。

视觉的形所引发的事物的"态"和"相"，在中国传统艺术观念里面，是被体认为"意"的。欧阳修《盘车图》诗就言："古画画意不画形，梅诗咏物无隐情。忘形得意知者寡，不若见诗如见画。"诗或画的表现，若最后能让感受者忘其形而得其意，或许就是陆机所谓的"穷形尽相"了。张舜民言"诗是无形画，画是有形诗"（《画墁集》卷一，《跋百之诗画》），而作为两宋院体画代表的郭熙，则在具体的艺术行为中有目的的进行这这种"穷形尽相"的实践。在《林泉高致·画意》中我们看到，郭思就此展开了自己有关这一问题的思考，其问题主要落在画上："余因暇日阅晋唐古今诗什，其中佳句有道尽人腹中之事，有装出目前之景，然不因静居燕坐，明窗净几，一炷炉香，万虑消沉，则佳句好意亦看不出，幽情美趣亦想不成，即画之主意亦岂易！及乎境界已熟，心手已应，方始纵横中度，左右逢源。"诗歌中的"佳句好意"如何被画所表现出来，是具备了相当难度的，因此在他看来，世人于此大多将就率意，其视觉的表现不过触情草草便得而已，而昔日其父郭熙作画，则"尝所诵道古人清篇秀句，有发于佳思而可画者……"，其画意，更是先由诗意而引发。董其昌就引晁以道诗言宋画的表现："诗传画外意，贵有画中态。余曰，此宋画也。"以诗入画成为了宋画一个重要的标志，宋徽宗时期的画院甚至在考试时以诗为题,并以是否能在画上通达诗意为取士标准,可见以诗入画在北宋已是备受认可的了。

不过在诗与画的相互融合或转换中,其机制的运作还是存在着一定的问题。邵雍《诗画吟》道:"画笔善状物,长于运丹青。丹青入巧思,万物无遁形。诗笔善状物,长于运丹诚。丹诚入秀句,万物无遁情。"画笔与诗笔相互状物的手段和表现最后都落在"语言"之中。但诗歌和视觉艺术一样,和语言系统总是保持着一定的距离。在最基本的表达上,诗歌和视觉艺术是有共通之处的。苏轼《东坡题跋·书摩诘〈蓝关烟雨图〉》形容王维的诗、画时,语其"味摩诘之诗,诗中有画;观摩诘之画,画中有诗",亦即是说,在其诗中有画意的存在,而在其画中,诗意自然流淌。

那么这种画意与诗意的体验,又如何展开?

比如在"空山新雨后"这句王维的名句里,他的主要表达是什么呢?是"空山"和"新雨"。在阅读文字上的"空山""新雨"之后,阅读者心中就不再只是出现一组文字,他会有某种类似于影像的知觉在隐隐浮现,虽然很难将其捕捉住,但却确切地知道曾经存在。在诗中,"山"和"雨"在选择了"空"和"新"后,就提供给了读者一个更广的想象的空间,这种选择,和人身体上的体验是契合的,"空"是一种听觉上的体验,而"新"则是视觉上的,这种听和见之后,则是由此而发的一种心理感受。当然,这种感受因人而异,但这种异更多的是大小、深浅的区别,这和感受者个人的修养有关,也和感受者其时的心境有关。而画者,当他阅读着这样的诗句的时候,他的第一反应就更多地在于试图捕捉住那其中沉浮不定的心理影像,并会试图将其现实化成为画面。那么,当画者试着在用画面将其表达之时,又将会做出怎样的选择呢?更多的还是会变成选择"空山"和"雨后",但是,这时候,画的表达和诗的表达在构成上有了很大的不同,诗中的空山体现的更多是听觉上的人声消寂,而在画中呢?这种"空"更多地是需要在视觉上予以表达的,不管其如何去表达,总是离不开人的形体的出现或隐没。而"新雨",诗里用一个"后"诗将新雨之后的现象作出了某种提示,但其结果是多变而不确的,在画里,画者要将这种不确定变得明确,他要做的是强化结果,他要用一个结果去推演出前面的条件,他必须要在"后"字上下很大的力气,而诗则不同,他是一种时间上的顺延,虽然它最终要表达还是后的状态,但它更多的是在"新雨"上面,"后"成为一种提示,而画者的表达则是,他需要用"雨后"的境象去提示,此地曾有过一场"新雨"。当然,这种将诗意形象化的做法,因画者的素养在表达上则大有高低。

"诗中有画、画中有诗"是典型的中国传统艺术表现的重要手段,在文人精神成为中国传统艺术表现的主流话语之后,"诗中有画、画中有诗"以及其另一种表述"有声画、无声诗"成为一种文化的符号,并成为此后千百年来艺术审美的价值判断标准。

诗书画印

中国传统中，诗、书、画、印本为四种独立的艺术表现形式，然而在经由晋唐而于宋元之后，这四者被完全结合到了一起。中国传统艺术用自己独有的形式，将这四者完美地结合，成为了中国画的基本表现形式，其中更以文人画为代表。诗、书、画、印被重新建构成了"诗书画印"这无法拆分的一个新的专用词语，一如"琴棋书画"般，成为了一种文化符号，直指文人士大夫阶层的生活及审美追求。

画上题字，自来有之，但在早期绘画里并非常态，我们偶尔可以在唐宋之前的绘画或图像里看到，在两汉魏晋南北朝的部分彩绘壁画和漆器上已经可以发现题名、题赞的出现。又如《汉书·苏武传》中曾记有汉宣帝命人画苏武图像于麒麟阁一事，"上思股肱之美，乃图画其人于麒麟阁，法其形貌，署其官爵姓名"，"署"者，以书为之也，可见这样的形式是有极强的功能性存在的，特别是在壁画上。王伯敏在其《中国绘画通史》就认为："这些壁画，据蔡质在《汉宫典职》中提到，在绘制形式上，似有一定的规格，如说'胡粉涂壁、紫青界之、画古烈士、重行书赞'。"此时的书之于图像中的出现，其功能只在文字意义的传达，与艺术表现关系不大。

在画上以书题款识的做法，于唐人那里大多只用小字藏于树根石罅之间，钱杜《松壶画忆》中则认为这可能是画者不擅书而藏拙之举。而如宋初范宽《溪山行旅》中，则其题款犹不可寻，被完全隐匿起来。沈颢《画麈落款》中则认为甚至元以前的画面款识也大多被刻意隐匿，其原因可能是"恐书不精,有伤画局",而至后来"书绘并工,附丽成观"。早年工画者不工书这一说法是颇为可疑的。究其原因,恐怕是早年画者之重点就在画面之表达,文字这样的事物,其意义表达的方式与画毕竟不同。画者以自题号作为一种标签,实际上在早年并不少见,米芾《画史》中就记有李后主每于画上自题名号事:"锦峰白莲居士,又称'钟峰隐居',又称'钟峰隐者',皆李重光画自题号,意是'钟山隐居'耳。每自画必题曰'钟隐笔'。"而在李成《读碑窠石图》中的款识"王晓人物李成树石"就清楚记录了画者的存在与构成。这一类型的文字在画面的进入,还是属于个人标签的强调。

而诗与画之间则一早就有特殊的关系存在,苏轼所谓王维的诗中有画、画中有诗,是诗意与画意之间的相互作用关系,并未以书写于画面上的形式出现。而唐代诗歌中也开始出现了不少描写绘画的作品,如李白、杜甫等的诗歌创作,其中更以杜甫最为热衷,《杜工部集》中题画诗就有画松、画马等十八篇之多,但可供注意的是,此时的题画诗,也并未题在画面上。

至北宋,主要由于文人画的兴起,诗画相融成为了一种基本追求,而且在书画同源的理论作用下,绘画之中融入了书法笔意,因此,以文字形式进入绘画的书法在表达上成为了一种可能。画上的书法进入,经苏轼、米芾、赵佶等至赵孟頫、钱选,最后在元四家那里得以大成。钱杜《松壶画忆》中就认为,至宋始有在画面上用年月纪之的做法。然也还只是细楷一线,几无书两行者。其中比较特殊的如东坡款皆用大行楷,偶尔也有画上跋语三、五行,可以说是开元人一派先风,至元朝,赵孟頫的做法犹有古风,只有到了倪瓒,才开始在画面上做出了更多的诗书结合的尝试,其"不独跋,兼以诗,往往有百余字者"。而钱杜实际上注意到了画中诗、书可能出现的问题,即"侵画位"的可能,书法以及经由其张扬出来的"诗意"是否是一种对于画意的破坏,钱杜给出的说法是"元人工书,虽侵画位,弥觉其隽雅,明之文沈,皆宋元人之意也"(钱杜《松壶画忆》),而画上书法的进入在宋代也已经有之,比如米芾。邓椿《画继》中就记有其于朋友家看到过极少流传的米芾的两幅画,"其一纸上横松梢,淡墨画成,针芒千万,攒错如铁。今古画松,未见此制,题其后云:'与大观学士步月湖上,各分韵赋诗,芾独赋无声之诗。'",米芾在此自画自题,这样的书画表现方式在当时,想必不是孤例。米芾的绘画作品较为少见,基本上以书传世,比较特殊的如《珊瑚帖》,则可以看成是书画结合的有趣的尝试了。

真正首创诗书画印结合为一体的,艺术史家大都将这一成就落在宋徽宗身上。周积寅认为:"唐代及其以前的题画诗,并未题在画上。宋代,由于文人画运动的掀起,题画诗有了进一步的发展。文同、苏轼、米芾、米友仁等,作了大量的题画诗,但多数可能题在画前或跋在画后的。有画迹可考,在画上题诗的,当推宋徽宗赵佶为第一人。"邓白也持此说,但只言诗、书、画而未言"印"。在他看来,早期唐、五代时期的绘画,大都未出现题款,就算是黄筌的《写生珍禽图》上的名款,也是后来者给添上的,赵佶这种将诗、书、画三者结合于一个画面上的做法,已然为中国传统绘画创造出了独特的形式,北宋虽已有郭熙、李公麟等于画上题有姓名、年月或款识,但总的来说,将其诗与个人独有的瘦金体题于画,这样的表现,甚至可以被称之为真正的"三绝"了,其对后世画坛的影响可谓深远。

如今归到宋徽宗名下的作品如《祥龙石图》《雪江归棹图》《芙蓉锦鸡图》《听琴图》《瑞鹤图》《蜡梅双禽图》《池塘秋晚图》《文会图》《蜡梅山禽图》《金英秋禽图》《写生珍禽图》

《五色鹦鹉图》《六鹤图》等，大部分都有诗书画印结合的倾向。而其中结合最完整一体的，莫过于《祥龙石图》，画面中计有五行跋语、四行诗歌又款题、御押一行且款题上有印章一枚。又如《听琴图》，虽未如《祥龙石图》那般四体结合完美，但其表现也是十分突出的。

诗书画印的结合经两宋的实践到元代基本形成了文人画的主要表现形式，这其中又以"诗、书、画"三者的结合更为有机，"印"在此时的表现并不突出，但已经在画面上形成了四者同构的艺术表现形式。而这一形式真正建立的重要代表之一，就是开元代文人画风的赵孟頫。

苏轼虽一早就有了以书入画的实践，但真正在理论上提倡以书入画的要到赵孟頫时代，赵孟頫在此上的艺术实践也更为具体，其《秀石疎林图》自题诗"石如飞白木如籒，写竹还应八法通。若也有人能会此，须知书画本来同"就清晰地表达了其对书画关系的理解。而赵孟頫为周密所作的《鹊华秋色》一画就充分考虑了视觉主体、题跋、印章等的画面构成关系，其对画面的书画结合关系的追求是极为主动的。

如果从四者各自的发展看，宋元文人篆刻水平和追求与诗书画的发展还是有一定的差距的，文人篆刻真正崛起的时间大约要到明代文彭之时。在此之前的大家更多关注的诗书画这"三绝"。

印章的出现，本为某种身份的证明，后又演化成为权力的象征。《后汉书·祭祀志》就有"至于三王，俗话雕文，诈为渐兴，始有印玺，以检奸萌"，印章最开始主要就是身份证明。而这种身份证明的功能在历史进程中并没有太大的改变，就算到了赵孟頫时代，其重点依然只是用以证明身份，也就是一种标签。

除了身份、权力证明之外，印章也在历史发展中开始表现出其他的功能，比如唐太宗"贞观"字印与内府藏书的关系，徐浩《古迹记》记"太宗皇帝肇开帝业，大购图书，宝于内府"，更收集了钟繇、张芝、王羲之父子等书法四百多卷，以及其他汉、魏、晋、宋、齐、梁等作品三百余卷，于"贞观十三年十二月，装成部帙，以'贞观'字印印缝，命起居郎褚遂良排署如后"。

画面中印章的出现，比较早的记载见于宋代。郭若虚《图画见闻志》卷三中就记有宋仁宗御画上押字印宝一事："若虚旧有家藏御画御马一疋。其毛赭，白玉衔勒，上有辰翰题云：'庆历四年七月十四日御画'，兼有押字印宝。"可以说正是宋徽宗诗书画印结合实践的前奏。

这一过程中的印章的表现，也自有优劣之分，但那更多是从字体书写或篆刻层面出发的判断。当然，作为一个视觉艺术的表达者，印章的表现也自在其画面控制的关注之内。米芾在《书史》中就较早注意到了不同场合里印文的表现，在他看来，图书与字画上所采用的印文，必须是有所不同的，而具体到书画上面，最重要的一个是，印章本身的圈、文构成必须是一致而在视觉上不破坏书画的基本表达的："印文须细，圈须与文等。我太宗秘阁图书之印，不满二寸，圈文皆细，上阁图书字印亦然。"又"仁宗后，印经院赐经用上阁图书字，大印粗文，若施于书画，占纸素字画多，有损于书帖"。而"近三馆秘书科阁之印文虽细，圈乃粗如半指，亦印损书画也"。若仔细分析，则米芾言下的印章的作用依然是一种依附功能。

文人篆刻的开山大匠莫过明代的文彭。明代周应愿《印说·成文》中就有"文待诏父子，始辟印源，白登秦汉，朱压宋元，嗣是雕刻技人如鲍天成、李文甫辈，依样临摹，靡不逼古"。文徵明的学生王稚登认为，印人中"非俗非陋，不徇不拘，惟文寿承（文彭）一人"（王稚登《古今印则跋》），周亮工

《印人传·书文国博印章后》云："(文彭)所为印流传甚多,今皆为人秘玩,不复多见,亦由无谱也。印至国博,尚不敢以谱传,何今日谱之纷纷也,亦自愧矣!"文彭的篆刻主动追求风格变化,但其根本也从书法而来,既有汉印雅正的格调与朱白均衡的特点,也有大胆求变的主动,所谓"不徇不拘"即如是。

篆刻从此开始,在一些有了主动追求的文人士大夫手中,逐渐成为可以与书画抗衡的另一种有独立身份存在的艺术形式,这其中,印章以金石之手段,融合书与图形、色彩关系,具备了相当的艺术难度。所以潘天寿在《中国传统绘画的风格》中认为:"印章上所用之文字,以篆书为主,亦间用隶楷。故治印学者,须先攻文字之学与夫篆隶楷草之书写。其次须研习分朱布白与字体纵横交错之配置。其三须熟习切勒锤凿之功能,如庖丁解牛,游刃有余,无所滞碍。其四须得印面上气势之迂回,神情之朴茂,风格之高华等,与书法、绘画之原理原则全同,与诗之意趣,亦互相会通也。"

然则,诗书画印的结合过程中,印章也必然地充分考虑到了与其他构成要素的结合关系,清盛大士《溪山卧游录》中认为印章必然要制作精雅而印色务取鲜洁,在画面中出现若少有不精,则难免有白璧之瑕的遗憾,而历代名家书画中,画面和印章的表现都分外出色,"彼之传世久远固不在是,而终不肯稍留遗憾者,亦可以见古人之用心矣"。黄易为清代篆刻大家,曾自谓其"魏氏上农"印:"文衡山笔墨秀整,沈石田意态苍浑。是画是书,各称其体,余谓印章与书画亦当相称。上农之书工绝,余印殊愧粗浮,譬之野史山僧,置诸绣户绮窗之下,见之者未有不掩口葫芦耳。""魏氏上农"印取法朱文汉印,方圆中自有婀娜之态,可谓精品,黄易虽是自谦之语,但历来印人设计创作时所注重的,正是印章与书画之匹配、考究。

　　作为文化符号的"诗书画印"的结合及其历史进程,对中国宋元之后的传统艺术的表达形式影响深远,其重点就在于文人精神上面,更具体而言,则落在文人画这一宋元后的艺术主流上。姜澄清在《文人、文化、文人画》中对这四者的关系说得较为清晰,并将诗书画印语为中国"文化之巅"。在他看来:"文人画是居于中国文化之巅的,因为它浓缩的文化因素实在太丰富了。而且,它规范人太严、要求人太高。诗不精,无从言画;书不工,无从作画;印不妙,无从彰画……何况,书、印的介入,又凭增了书学与印学,于是学问方面、感悟方面又多了两大系统。在诗、画之外,又多了书、印,于人的要求,实在是太多太多。因此,我才有'文化之巅'的说法。"但其实这也涉及了另外一个问题,这样要求极高的诗书画印的修养,在某些层面是束缚了艺术的发展,毕竟能够拥有这种全才式学养的只能是极少数,而这种"诗书画印"的系统要求却使得很多力所不逮者强行进入全才式的表现手段中,最后只能是相互抵消,适得其反,艺术创造的能力反而被大大地削弱了,明末及清代中国传统艺术主体创造力的羸弱,与此恐怕不无关系。

原典选读

[南朝宋]宗炳《画山水序》

圣人含道暎物，贤者澄怀味像。

至于山水质有而趣灵，是以轩辕、尧、孔、广成、大隗、许由、孤竹之流，必有崆峒、具茨、藐姑、箕、首、大蒙之游焉；又称仁智之乐焉。夫圣人以神法道，而贤者通；山水以形媚道，而仁者乐。不亦几乎？

余眷恋庐、衡，契阔荆、巫，不知老之将至，愧不能凝气怡身，伤砧石门之流。于是画象布色，构兹云岭。

夫理绝于中古之上者，可意求于千载之下；旨微于言象之外者，可心取于书策之内。况乎身所盘桓，目所绸缪。以形写形，以色貌色也？

且夫昆仑山之大，瞳子之小，迫目以寸，则其形莫睹，迥以数里，则可围于寸眸。诚由去之稍阔，则其见弥小。今张绢素以远暎，则昆、阆之形，可围于方寸之内。竖划三寸，当千仞之高；横墨数尺，体百里之迥。是以观画图者，徒患类之不巧，不以制小而累其似，此自然之势。如是则嵩、华之秀；玄牝之灵，皆可得之于一图矣。

夫以应目会心为理者，类之成巧，则目亦同应，心亦俱会。应会感神，神超理得。虽复虚求幽岩。何以加焉。又神本亡端，栖形感类，理入影迹，诚能妙写，亦诚尽矣。

于是闲居理气，拂觞鸣琴，披图幽对，坐究四荒，不违天励之薮，独应无人之野。峰岫峣嶷，云林森眇。

圣贤暎于绝代，万趣融其神思。余复何为哉，畅神而已。神之所畅，孰有先焉。

[五代]荆浩《笔法记》(节选)

有日,登神钲山……因惊其异,遍而赏之。明日携笔复就写之,凡数万本,方如其真。

……

叟曰:"少年好学,终可成也。夫画有六要:一曰气,二曰韵,三曰思,四曰景,五曰笔,六曰墨。"

曰:"画者华也。但贵似得真,岂此挠矣。"

叟曰:"不然。画者画也。度物象而取其真。物之华,取其华;物之实,取其实。不可执华为实。若不知术,苟似可也;图真不可及也。"

曰:"何以为似? 何以为真?"叟曰:"似者得其形遗其气,真者气质俱盛,凡气传于华,遗于象,象之死也。"

……

叟曰:"嗜欲者,生之贼也。名贤纵乐琴书图画,代去杂欲。子既亲善,但期始终所学,勿为进退。图画之要,与子备言。

"气者,心随笔运,取象不惑。

"韵者,隐迹立形,备仪不俗。

"思者,删拔大要,凝想形物。景者,制度时因,搜妙创真。

"笔者,虽依法则,运转变通,不质不形,如飞如动。墨者,高低晕淡,品物浅深,文采自然,似非因笔。"

复曰:"神、妙、奇、巧。神者亡有所为,任运成象。妙者,思经天地,万类性情,文理合仪,品物流笔。

"奇者,荡迹不测,与真景或乖异,致其理偏,得此者亦为有笔无思。巧者,雕缀小媚,假合大经。强写文章,增邈气

93

象。此谓实不足而华有余。

"凡笔有四势,谓:筋、肉、骨、气。笔绝而不断谓之筋,起伏成实,谓之肉,生死刚正谓之骨,迹画不败谓之气。故知墨大质者失其体;色微者败正气;筋死者无肉;迹断者无筋;苟媚者无骨。

夫病有二:一曰无形,二曰有形。有形病者:花木不时,屋小人大,或树高于山,桥不登于岸,可度形之类也。是如此之病,不可改图。无形之病,气韵俱泯,物象全乖,笔墨虽行,类同死物,以斯格拙,不可删修。……"

[宋]郭熙《林泉高致·山水训》(节选)

君子之所以爱夫山水者,其旨安在?丘园养素,所常处也;泉石啸傲,所常乐也;渔樵隐逸,所常适也;猿鹤飞鸣,所常亲也;尘嚣缰锁,此人情所常厌也;烟霞仙圣,此人情所常愿而不得见也。直以太平盛日,君亲之心两隆,苟洁一身,出处节义斯系,岂仁人高蹈远引,为离世绝俗之行,而必与箕颖埒素,黄绮同芳哉!白驹之诗,紫芝之咏,皆不得已而长往者也。然则林泉之志,烟霞之侣,梦寐在焉,耳目断绝,今得妙手郁然出之,不下堂筵,坐穷泉壑;猿声鸟啼,依约在耳;山光水色滉漾夺目,此岂不快人意,实获我心哉,此世之所以贵夫画山之本意也。不此之主而轻心临之,岂不芜杂神观,溷浊清风也哉!

画山水有体:铺舒为宏图而无余,消缩为小景而不少。看山水亦有体:以林泉之心临之则价高,以骄侈之目临之则价低。

山水大物也,人之看者,须远而观之,方见得一障山川之形势气象;若仕女人物小小之笔,即掌中几上,一展便见,一览便尽。此看画之法也。

世之笃论，谓山水有可行者，有可望者，有可游者，有可居者。画凡至此，皆入妙品，但可行可望不如可居可游之为得。何者？观今山川，地占数百里，可游可居之处十无三四，而必取可居可游之品。君子之所以渴慕林泉者，正谓此佳处故也。故画者当以此意造，而鉴者又当以此意穷之，此之谓不失其本意。

……

思平昔见先子作一二图，有一时委下不顾，动经一二十日不向，再三体之，是意不欲；意不欲者，岂非所谓惰气者乎！又每乘兴得意而作，则万事俱忘，及事汩志挠，外物有一，则亦委而不顾；委而不顾者，岂非所谓昏气者乎！凡落笔之日，必明窗净几，焚香左右，精笔妙墨，盥手涤砚，如见大宾，必神闲意定，然后为之，岂非所谓不敢以轻心挑之者乎！已营之，又彻之；已增之，又润之。一之可矣，又再之；再之可矣，又复之。每一图必重复终始，如戒严敌然后毕。此岂非所谓不敢以慢心忽之者乎！所谓天下之事，不论大小，例须如此，而后有成。先子向思每丁宁委曲论及于此，岂教思终身奉之，以为进修之道耶！

学画花者以一株花置深坑中，临其上而瞰之，则花之四面得矣。学画竹者，取一枝竹，因月夜照其影于素壁之上，则竹之真形出矣。学画山水者，何以异此？盖身即山川而取之，则山水之意度见矣。真山水之川谷远望之以取其势，近看之以取其质。真山水之云气，四时不同：春融，夏蓊郁，秋疏薄，冬黯淡。画见其大象而不为斩刻之形，则云气之态度活矣。真山水之烟岚，四时不同：春山淡冶而如笑，夏山苍翠而如滴，秋山明净而如妆，冬山惨淡而如睡。画见其大意，而不为刻画之迹，则烟岚之景象正矣。真山水之风雨，远望可得，而近者玩习不能究错综起止之势。真山水之阴晴，远望可尽，而近者拘狭不能得明晦隐见之迹。山之人物以标道路，山之楼观以标胜概，山之林木映蔽，以分远近，山之溪谷断续，以分浅深。水之津渡桥梁，以足人事。水之渔艇钓竿，以足人意。大山堂堂为众山之主，所以分布以次冈阜林壑，为远近大小之宗主也。其象若大君赫然当阳，而百辟奔走朝会，无偃蹇背却之势也。长松亭亭，为众木之表，所以分布以次藤萝草木，为振契依附之师帅也。其势若君子轩然得时，而众小人为之役使，无凭陵愁挫之态也。山近看如此，远数里看又如此，远十数里看又如此，每远每异，所谓山形步步移也。山正面如此，侧面又如此，背面又如此，每看每异，所谓山形面面看也。如此是一山而兼数十百山之形状，可得不悉乎！山春夏看如此，秋冬看又如此，所谓四时之景不同也。山朝看如此，暮看又如此，阴晴看又如此，所谓朝暮之变态不同也。如此是一山而兼数十百山之意态，可得不究乎！春山烟云连绵人欣欣，夏山嘉木繁阴人坦坦，秋山明净摇落人肃肃，冬山昏霾翳塞人寂寂。看此画令人生此意，如真在此山中，此画之景外意也。见青烟白道而思行，见平川落照而思望，见幽人山而思居，见岩扃泉石而思游。看此画令人起此心，如将真即其处，此画之意外妙也。

　　……

　　嵩山多好溪，华山多好峰，衡山多好别岫，常山多好列岫，泰山特好主峰，天台、武夷、庐、霍、雁荡、岷、峨、巫峡、天坛、王屋、林虑、武当，皆天下名山巨镇，天地宝藏所出，仙圣窟宅所隐，奇崛神秀，莫可穷其要妙。欲夺其造化，则莫神于好，莫精于勤，莫大于饱游饫看，历历罗列于胸中，而目不见绢素，手不知笔墨，磊磊落落，杳杳漠漠，莫非吾画。此怀素夜闻嘉陵江水声而草圣益佳，张颠见公孙大娘舞剑器而笔势益俊者也。今执笔者所养之不扩充,所览之不淳熟,所经之不众多,所取之不精粹,而得纸拂壁,水墨遽下,不知何以掇景于烟霞之表,发兴于溪山之颠哉!后生妄语,其病可数。何谓所养欲扩充?近者画手有《仁者乐山图》,作一叟支颐于峰畔。《智者乐水图》,作一叟侧耳于岩前。此不扩充之病也。盖仁者乐山,宜如白乐天《草堂图》,山居之意裕足也。智者乐水宜如王摩诘《辋川图》,水中之乐饶给也。仁智所乐,岂只一夫之形状可见之哉!何谓所览欲淳熟?近世画工画山,则峰不过三五峰,画水则波不过三五波,此不淳熟之病也。盖画山:高者、下者、大者、小者,盎睟向背,颠顶朝揖,其体浑然相应,则山之美意足矣。画水:齐者、汩者、卷而飞激者、引而舒长者,其状宛然自足,则水态富赡也。何谓所经之不众多?近世画手,生吴越者,写东南之耸瘦;居咸秦者,貌关陇之壮阔;学范宽者乏营丘之秀媚,师王维者缺关仝之风骨。凡此之类,咎在于所经之不众多也。何谓所取之不精粹?千里之山不能尽奇,万里之水岂能尽秀?太行枕华夏,而面目者林虑。泰山占齐鲁,而胜绝者龙岩。一概画之,版图何异?凡此之类,咎在于所取之不精粹也。故专于坡陂失之粗,专于幽闲失之薄,专于人物失之俗,专于楼观失之冗,专于石则骨露,专于土则肉多。笔迹不混成谓之疏,疏则无真意。墨色不滋润谓之枯,枯则无生意。水不潆洄则谓之死水,云不自在则谓之冻云。山无明晦,则谓之无日影。山无隐见,则谓之无烟霭。今山日到处明,日不到处晦,山因日影之常形也。明晦不分焉,故曰无日影。今山烟霭到处隐,烟霭不到处见,山因烟霭之常态也。隐见不分焉,故曰无烟霭。

……

山有三远:自山下而仰山颠,谓之高远;自山前而窥山后,谓之深远;自近山而望远山,谓之平远。高远之色清明,深远之色重晦,平远之色有明有晦。高远之势突兀,深远之意重叠,平远之意冲融而缥缥缈缈。其人物之在三远也,高远者明了,深远者细碎,平远者冲淡。明了者不短,细碎者不长,冲淡者不大。此三远也。

艺术之变与南北宗论之后

　　艺术家与文人，本来是两种不同的身份，然而这一状态放在中国艺术范畴里面却另有表现。文人与艺术之间的关系在中国传统艺术形态里以"文人画"的强烈存在宣示了这一艺术表现形式在中国宋元之后艺术话语中的主导地位，其话语权更是在晚明之际因为南北宗论的提出达到巅峰。

　　艺术如人类其他一切事物，有着一个发展的历史，在这种发展的过程中，并非呈现为自然而然的一种发展态势。在某些特定的时间节点上，艺术的表现总会发生某种嬗变，改变了艺术的发展轨迹，或因人，因事，因时。在中国早年的书画艺术传统中，存在着极为典型的"艺术之变"，如从唐宋之间文人画的兴起到苏、米墨戏所指向的中国传统绘画艺术表现观念改变背后的艺术精神；又如元初以赵孟頫、钱选、高克恭为代表的山水画的托古改制；以及此后元四家黄、倪、吴、王之于文人画入缵大统所贡献的杰出表现；更有明末董其昌"南北宗论"之说及其重要影响。而这些"艺术之变"所秉持的核心，大多以"复古"之名。而到了民国初年，则发为中国艺术历史上千古未遇之变，时人称之为"美术革命"，其对近当代中国书画艺术表现的影响，几近重建。

艺术之变

所谓的艺术之变,在整个中国古代书画艺术的发展进程里,虽然各有表现,但实际上这种变化并非仅仅落在艺术的领地里,甚至可以说,艺术之变当是某种时代精神的具体表现,并以视觉作为其基本的表现形态。从整个中国历史的社会进程而言,这种"艺术之变"所具体呈现的"复古"精神的依托之处,并不简单地体现为"复古"之表,其背后,却是儒、释、道精神对于各个不同时代的具体作用。

"复古"之事,在具体的社会历史进程中因此被表现为各种各样的追求。早于春秋之季,即有孔夫子的不懈努力。孔子好古而尊古,其一生周游的追求在《论语》中,语为"克己复礼"。① 其礼,即所谓《论语·述而》中"我非生而知之者,好古敏以求之者也"背后的"礼失而求诸野"。② 对此,韩非提出了自己的批评,语及儒、墨两家,其认为孔子、墨子两家皆尊道尧、舜之道,但取舍又各自不同,他们都自认为自己所倡导者为真正的尧、舜之道。但尧、舜无法复生,又有谁能判断这儒、墨两家谁才算真正秉承了尧、舜之道的真谛呢? 尧、舜之道距其时代已近三千年,期间经历了夏、商、周三代,"意者其不可必矣。无参验而必之者,愚也,弗能必而据之者,诬也。故明据先王,必定尧、舜者,非愚则诬也"(《韩非子·显学》)。也就是说,儒墨两家的复"古"之举,实际上已经是时代需求下的追求了,此"古"已非彼"古",此尧、舜之道,却已是孔子理解下的"真尧舜"了,其作用,在于当下现实之用。

而两汉之交的新莽改制却又另有目的,王莽的托古改制依托着士大夫内心的理想世界以实现自己的政治目标,"是岁,莽奏起明堂、辟雍、灵台,为学者筑舍万区,作市、常满仓,制度甚盛"。(《汉书·王莽传》)为达到其"受禅"汉室的目的,在某种程度上利用了中国古代万物生命更替的五行相生或相克的说法,将西汉以前"五德终始说"中五行相克的朝代更替传统转变成了以"禅让"为主要行为体现的五行相生之说。王莽的改制及国家德色选择背后充满了各种目的甚至设计,其立国虽不过短短的十五年,但王莽的改制及其苦心经营的汉王朝禅让,却对此后中国历史发展模式的影响作用巨大。

---

① 《论语·颜渊》:"颜渊问仁。子曰:'克己复礼为仁。一日克己复礼,天下归仁焉! 为仁由己,而由人乎哉?'"

② 《汉书·艺文志·诸子略序》:"《易》曰:'天下同归而殊涂,一致而百虑。'今异家者,各推所长,穷知究虑;以明其指,虽有蔽短,合其要归,亦六经之支与流裔。使其人遭明王圣主,得其所折中,皆股肱之材已。仲尼有言:'礼失而求诸野'。"

东汉开国，制度虽有新创，但对新莽一套又多有继承。王莽改制背后对于五德终始说和五色观念的目的性改变，成为影响了中国历史数千年的文化思维模式之一，深刻影响了中国历史的进程和方向。相生和相克背后是看待世间万物基本规律的不同选择，也表明了这一文化主体的精神内核所在。这不可避免地影响了此后的社会制度、道德伦理建构，也影响了这一文化体的文化思维模式和国民的文化性格，并进而影响到更为具体的身体性的体验，比如视觉。（色彩系统建构及表现）这种视觉的表现，落在现实里，其代表就是中国传统绘画中的水墨色彩表现。

而这种托古改制的做法到了北周更是典型，北周在制度建设上试图回到孔子之前的《周礼》所处的时代。北周国号所取的"周"，其实就是试图让自己的统治成为华夏礼制建设理想时期周公时代的再现和重生，这里面，隐含着对所谓华夏正统的追求，近乎于孔子的"真尧舜"。而这一套制度改革，其实在北周王朝的缔造者宇文泰担任西魏相时就已经开始了，王仲荦先生在《北周六典》中就认为宇文泰的这一做法：

"套上了浓厚的复古色彩的外衣，即采用了西周的六官制度，来改组政府。采用这一组织形式的建议，据说是由……苏绰提出来的，而在宇文泰看来……因为通过这类形式上的改组，能够获得华夏正统文化继承者的称号，并藉此取得中原地区汉族大地主阶级的拥护和归向，又何乐而不为呢！"

于此之后的时代变革中，这一种打着"复古"旗号的"变"，总是在适时地出现，如"法先王之政，当法其意"的北宋王安石的改革，其根本之处在于有唐一代韩、柳古文运动背后儒家"内圣外王"思想的新的体现。这一时代的精神状况，和中国书画艺术中的文人精神发展有着莫大的关系。

至于清末,托古改制的社会变革则以康梁为代表的百日维新为甚。康有为《新学伪经考》一书,其言《春秋左氏传》"乱改制之经,于是大义微言湮矣"则典型地表明了其托古改制的态度。而正是百日维新的康有为,在此后为中国的"美术革命"始发新声。

在这种历史进程里,中国书画艺术所表现出来的"艺术之变"就显得极为突出,在唐宋、元初、元四家、明末诸时期都有清晰的话语表达。甚至这种"艺术之变"的精神所在,比如文学的表现,其对于"变"的思考,早于南北朝《文心雕龙》时代,已经被进行详尽的阐释了。刘勰在《文心雕龙·通变第二十九》中就认为:文章体裁本有常规,而文法却是变化不定的,我们是根据什么来证明这样的道理的?所谓的诗、赋、书、记等,其名称与写作原理本为相续相因、前后继承,也就说明文章体裁是有一定之规的。而文章的文辞的表现,则必须依靠不断的创新才能得以流传,也就说明文法本身是变化万千的。由于名称与写作原理有章可循,因此必多取法前人,而又由于文法本身变动不居,因此必须参酌新生事物,若能如此,当可在创作上驰骋于无穷之路而饮不竭之源。然就像打水之绳太短只能忍受口渴,脚力疲乏只能半途而废般,文章的写作之所以难以有突出的表现,并非因为不懂得创作之法,"乃通变之术疏耳"。

正因这种"通变"之理,所以才有了历代文学诗歌的发展。如黄帝时诗歌的质朴不雕,而到了唐尧则在其基础之上更有发展;虞舜时诗歌比之唐尧,却已多有装饰之美;夏歌比之虞舜,装饰更为丰富;商周两朝的诗歌,文采比之夏歌,则更为华丽。而所谓的抒情言志这类诗歌,其所循法则在《文心雕龙》的作者刘勰看来其实是极为一致的,楚之骚体取法于周人,而汉之赋颂,则影写楚世,曹魏的诗歌顾慕汉风,晋之辞章,则瞻望魏采。从黄帝时代至于有晋,文学诗歌之作,历代多有继承发展,因时适变,因此刘勰认为,总的来说黄帝唐尧时诗歌可以说是淳厚质朴;而虞夏两代则质而明晰;商周两代诗歌,可谓华丽而雅正;而楚汉之文侈铺艳丽;至于魏晋则显得浅近绮靡;刘宋之初则怪诞尚新奇。文学诗歌的创作从最初的质朴逐渐发展成为怪诞文风,越来越寡味平淡,其文字的力量越见羸弱,其原因就在于"竞今疏古,风昧气衰也"。

以此而言,如何对待文字表达的本质与装饰之间的问题,就变得非常的关键,"斯斟酌乎质文之间,而隐括乎雅俗之际,可与言通变矣",而通变的途径,则必须考究"参伍因革,通变之数",刘勰因此明确指出了所谓的继承和革新在这一事物发展中的关键作用,也就是说,"文律运周,日新其业。变则可久,通则不乏。趋时必果,乘机无怯。望今制奇,参古定法",这种适时之变,正是中国古代文化艺术史发展的典型表现,文学或者艺术甚至具体到传统的书画艺术的发展规律,也正因如此。

也就是说中国古代艺术之变,是存在着历史的必然性和合理性的。这种"变"既落在思想、社会的发展所在,比如时代伦理精神,社会变革;也落在精神需求的表现所在,比如文学诗歌,书画艺术等。

在这种状况底下,历代艺术的"通变"之举,也就大多把其核心点落在"师古"及"复古"之上,其表现又各有不同,而"师"和"复"的目的,则在于"变"。

唐僧皎然《诗式》卷五《复古通变体》中言:"作者须知复、变之道,反古曰复,不滞曰变。若惟复不变,则陷于相似之格。"在他看来,复古通变切忌"复"而太过,在写诗人这里是被看成难以医治的膏肓之疾的。更进而认为"吾始知复、变之道,岂唯文章乎? 在儒为权,在文为变,在道为方便",则已明言这一"复变"之举,实为事物发展的特性之一,并不仅仅至于文学、艺术,更是社会沿革的一种表征,即所谓在儒家为权衡之道,在文章为创新之变等等。于唐之文学,则为韩、柳的古文运动。

中国的传统绘画艺术之变,历来都有具体的描述,《历代名画记·论师资传授南北时代》已对此有所触及,其言历代艺术师资传授之继承与变化虽态度尚不明朗,却已经意有所指,比如"(历代诸艺贤)各有师资,递相仿效,或自开户牖,或未及门墙,或青出于蓝,或冰寒于水,似类之间,精粗有别"之语,其发展和变化在视觉表现上是完全可以体会得到的。

唐宋墨戏

这艺术之变于唐宋之间表现为文人画的兴起,其发展以北宋间苏轼、米芾的"墨戏"最为典型。

文人画并不是到了北宋年间才出现的艺术表现,在有唐一代以前已是初露端倪。在南朝宗炳的《画山水序》的"澄怀味象"和谢赫《古画品录》中"六法"的表述里,我们已经可以看到山水精神的可能。"六法"里的"气韵生动"的"气"和"韵",和《画山水序》里的"披图幽对"的山水体味,都浸落于文人士大夫阶层精神世界的表里之间。

而至于唐代,这一山水精神于是成为了一种象征,一种指向明确的符号。文人士大夫之于山水,其重点不在山水,而在于远离世俗的山水之境对于作为欲望汇聚之地的人世间的一种过滤和目的性屏蔽。从某种意义上来说,以王维为代表的文人士大夫的精神世界,在此后的文人士大夫阶层那里,成了山水精神的代言,甚至成了文人画精神的代言。这些,和其道家、禅宗一体浑成的精神、生活有关,王维的精神世界成为一种符号。

山水画于是成了这一时代被凸显出来的绘画表现模式,青绿山水和以黑白为主要表现手段的水墨的发展,正是山水精神在这一时代的典型体现。对于有唐一代之绘画,郑午昌先生在《中国画学全史》中形容其为中国绘画史最关键的时代"中枢":

"若论唐代在我国绘画史上之位置,实可称之为中枢。盖言人物画,则能承先代之长而变化之;言山水画,则能应当代之运而光大之；言花鸟画，则能发萌孵化，为后代培其元气。凡我国各种重要之画门，于唐代已皆褒然有集大成之势。其后如五代如宋诸朝之绘画，要无不以此为昆仑而分脉焉。"

但"文人画"作为中国古代绘画最重要的艺术表现形式的概念确立，却是要等到北宋苏轼、文同、米芾、米友仁、李公麟的时代。他们的身份并非画家，而是官员、文人，绘画对于他们而言，本为业余之事，为其政事、文学之余的"墨戏"。俞剑华先生在其《国画研究》中就认为，这些文人学士们本"非专门名家，并未受绘画上基本技能严格之训练。不过心中有此一段意思，借笔墨以为摅写之具，所写之究为何物，所写之物似与不似，并未加以重视"。此话表述清晰，道出文人与绘画之间最简单的关系所在。

元人吴师道就认为比如世人见苏东坡的画，都必然地将其看成是东坡"文章学行之余事"，而反之又比如扬补之，其为人有高风亮节，文词字画皆清雅遒丽，"而世独以梅称，士之以艺名者真乃不幸哉"。对于扬补之以画名掩士名，吴师道是抱着惋惜的态度的，这或许也是宋代"士人画"墨戏的精神所在，本非为"画"，而在其过程。

而与此同时的李公麟也与扬补之陷入同样的尴尬，《冷斋夜话·李伯时画马》言李公麟善画马，苏东坡认为其手段不在韩干之下，其时在京城黄金易得而李伯时马不可得。僧秀老很是惋惜道："伯时为士大夫而以画行，已可耻也。又作马，忍为之乎？"又其时更有痛惜李公麟之语，"黄庭坚言其风流不减古人，以画为累，因以艺名之，此又不得不为公麟惜也"，更由此而悲叹文人士大夫"择术之不可不慎也如此"（宋濂《宋文宪公全集》卷46《跋李伯时马性图》）。由此可见，在文人士大夫的眼中，艺术之事，是绝对不能成为一种羁绊的。

　　两宋之绘画本以院体为重，自五代名家落入北宋始，经宋徽宗宣和画院发扬光大并至于南宋诸人，其艺术表现的能力越见充分。南宋邓椿在他的《画继》里对此前即以两宋为代表的艺术表现有过描述，其重点就落在"笔墨精微"上：其中就以画院中画最为精工，更以是否有新意为最受时人关注之处。邓椿尝见一画轴，"甚可爱玩，画一殿廊，金碧煜耀，朱门半开，一宫女露半身于户外"，其以箕贮果皮作弃掷状，遗弃的果皮中如鸭脚、荔枝、胡桃、榧、粟、榛、芡之属，一一清晰可辩，"笔墨精微有如此者"。所说虽指院体画的表现，但无疑也是两宋艺术的某种基本写照。

　　在此状况底下，苏、文、二米、李诸人的努力和改变就显得格外珍贵。

　　苏轼留存的绘画作品极少，如今能够确认的《古木怪石图》可能是唯一的一幅了。此画以水墨表现，摒绝色彩，六朝以来奉为经典的丹青"六法"中的"随类赋彩"看起来已经被消解，一直以来理所当然的"随类赋彩"，在此遭遇到了一个真正的考验。而"形"之所系，历来正是讨论苏轼绘画的重点所在。苏轼在《书鄢陵王主簿所画折枝》曾态度鲜明地谈到了艺术表现中的"形"的问题：

　　"论画以形似，见与儿童邻。赋诗必此诗，定非知诗人。诗画本一律，天工与清新。"具体到画上的形、神、意，比如边鸾的雀鸟写生，赵昌花卉传神，"何如此两幅，疏澹含精匀。谁言一点红，解寄无边春"。本为形似的"一点红"，如何传达出了无边春色，就不是仅仅从"形"的角度可以简单理解的了。

　　从其表述中，历来人们大多认为其对于"形"的态度是消极的。然而这一态度却是在语境底下的，从另外的一则苏轼的话语中我们或许可以看到他真正的态度。苏轼认为，人物、禽鸟、宫室、器用等事物皆有基本形态，也即"常形"。而至于像山、石、竹、木以及水波、烟云等事物，"虽无常形，而有常理。常形之失，人皆知之。常理之不当，虽晓画者有不知"。

从中可以看到，"形"对于苏轼而言，并非可弃之物，作为视觉表现，正是其依托之所在，所谓"论画以形似，见与儿童邻"之形，不过是执着于形似的匠人之笔。而苏轼所认为的艺术表现之"形"，却在于"理"处，有"常形"处必有"常理"，寻得常理所在，是可得《文心雕龙》之"通变"。于绘画处，这一"通变"的目的，既在能出新意，又在"意气"所在。

在苏轼为宋子房画所题跋中有："坡公跋其画，谓不古不今稍出新意，若为之不已当作著色山也。"又云"观士人画如阅天下马，取其意气所到，乃若画工，往往只取鞭策皮毛，槽枥刍秣，无一点俊发，看树尺许便倦，汉杰真士人画也。又云假之树年当不减复古也"。宋子房之画马，取其俊发意气所在而非画工眼中之皮毛表象。意气在这里是一种精神、气度。从后面所谓"不减复古"看，这已然不是个人的胸中意气之"意"，而是有所寄托，所复之古，即为儒家的根本追求，孔子所谓"克己复礼"，在苏轼这里，是为"不减复古"。而"士人画"之说也首见于东坡话语。

水墨在北宋得行其道，其落实的重点并不在早年绘画中的鉴诫作用而是重点落在抒发胸臆之上，而这一点正是儒家"内圣"的重点所在。"墨戏"的行为，其实充当的正是"内圣"的过程。"墨戏"之说也主要来自苏轼之说。苏轼题文同《筼筜图》："石室先生清兴动，落笔纵横飞小凤。借君妙意写筼筜，留与诗人发吟咏。石室先生戏墨，苏轼临。"石室先生即为文同，在多数艺术史家的描述里，苏轼、文同总是经常性地结伴出现，二者之间多有相似之处，都是文人士大夫的典型，也都成为了以墨戏状态出现的文人画的大力推手和实践者。《宣和画谱·墨竹》中言文同"善画墨竹，知名于时。凡于翰墨之间，托物寓兴，则见于水墨之戏"。"托物寓兴"成为北宋年间看待"士人画"的基本态度。

在这一时代，士人画的作者们都存在着一种自觉地与"画史"也即专业画家们划清界线的态度。宋张元干《芦川归来集·跋米元晖山水》中描述的米友仁"天机超越，不事绳墨"，而其所作水墨山水，点滴烟云，草草而成，而又不失天真，风格、气度与其父米芾颇为相似，"每自题其画曰：墨戏"。而其表现出来的"士人胸次洒落，寓物发兴，江山云气，草木风烟，往往意到时为之。聊复写怀，是谓游戏水墨三昧，不可与画史同科也"。所特别说明的是，此事之于士大夫而言，不过是意到为之，"寓物发兴"之事，与专业画家们立身之技有着本质的区别。这种意到为之寓物发兴之作，就像是洪适在《跋米元晖画二》中所言出世如丘壑之士者久不耐寂寞，则起入世之念，而"朝市之士久喧嚣，则怀丘壑之放，古今之理一也"。

在这时代，可以说虽然苏轼对文人画的发展做出打开之势，但贡献更大的，却是二米。由米芾创用而由其子米友仁发扬光大的"米氏云山"，成为了文人画主动表现的第一个高峰。元人吴师道称"书法、画法，至元章、元晖而变，盖其书以放易庄，画以简代密，然于放而得妍，简而不失工，则二子之所长也"。明代董其昌则将其与杜甫、颜真卿比肩，言"诗至少陵，书至鲁公，画至二米，古今之变，天下之能事毕矣"。将这艺术之变的关键，放到了创制"米氏云山"的二米身上，其最重要的表现则为"米点"，而画幅横披的做法，也起自米芾，《洞天清禄集》就认为"横披始于米氏父子，非古制也"。

米氏云山其"源出董源"。对于董源、巨然的山水，米芾别出新声,极尽赞许,对于昔日的李成、关仝,米芾态度则十分明确,自许"因信笔作之,多烟云掩映,树石不取细,意似便已"。而更进一步言"更不作大图,无一笔李成、关仝俗气"。绘画技术对于米芾而言,并非难事,《宋史·米芾传》就言其"画山水人物,自名一家。尤工临移,至乱真不可辨",可见其艺术的表现是极其主动的,院体画非其不能,而是不为。

托古改制

　　历史发展下的中国古代书画艺术的艺术之变,在元初迎来了另一个重要时段,其最具代表性的人物是赵孟頫、钱选和高克恭,而其中的核心人物,无疑就是前朝王孙赵孟頫。以"托古改制"为旗号的艺术之变,被赵、钱、高旗帜鲜明地打了出来。也就是说,中国古代文人画的身份和地位,在此将开始被真正确立。而由其引领的这一"士人画",将揭开其统治中国艺术的大幕,以黄公望、倪瓒、吴镇及王蒙为代表的文人画的高峰,其根本就在赵、钱、高处。

　　赵孟頫,字子昂,号松雪道人。其为赵匡胤之子赵德芳一脉子孙,少有才名,初与钱选等被誉为"吴兴八俊",南宋灭亡后仕于元,见重于元世祖,在元初的政治上有着一定的影响。但其最大的影响莫过于中国书法及绘画领域上的贡献。赵孟頫的艺术表现对于元以后的中国传统艺术表现的影响是巨大的,而其艺术成就更是纵横书画二道,其对"古意"的追求及倡导,对"士人画"的理论阐述,以书入画的笔墨表现手段,都无疑让他成为了中国艺术发展上的一个标杆和旗手。

　　赵孟頫的艺术表现涉及了多个门类,可以说是一个集大全的人物,其涉猎的除了文学、音乐、书法各体,更有山水、花鸟、人物鞍马、竹石枯木等,无不极尽其能。元仁宗更是骄傲地将其比之于李白、苏轼:"文学之士,世所难得,如唐李白,宋苏子瞻,姓名彰彰然,常在人耳目,今朕有赵子昂,与古人何异。"如果从这些表现看,比之李白、苏轼,赵孟頫其实是更为全面了。

赵孟頫的书法表现用时人之语,谓"孟頫篆籀分隶真行草书,无不冠绝古今,遂以书名天下"(《元史本传》),其书法之名,随着大元的疆域流播异域,如"天竺国在西徼数万里外,其高僧亦知公为中国贤者,且宝其书"(《赵公行状》)。其善书,专法古人,"篆则法《石鼓》《诅楚》,隶则法梁鹄、钟繇,行草则法逸少、献之,不杂以近体",可见其文学、艺术根本态度明确,越近承远。与绘画上,他人在艺术表现上各有侧重,互有优劣,比如山水、竹石、人马、花鸟各科,可是赵孟頫在这些上却都能做到"悉造其微,穷其天趣,至得意处,不减古人"。不管是书法或绘画,赵孟頫都落在"古"处。

赵孟頫主张"复古",而其重点,却在"古意"。张丑《清河书画舫》上载有赵孟頫的《自跋画卷》,可以看出他鲜明的态度,其开宗明义就提出了"作画贵有古意,若无古意,虽工无益"这一明确的艺术态度,更进而批评"今人但知用笔织细,傅色浓艳,便自为能手"。在他看来,问题就在于"殊不知古意既亏,百病横生,岂可观也"。赵孟頫言自己之画"所作画似乎简率,然识者知其近古,故以为佳。此可为知者道,不为不知者说也"。在赵孟頫看来,两宋特别是南宋的绘画,虽然在描画赋色的技术能力上表现得极为突出,然而却失去了"古意"之所在,南宋邓椿《画继》中所谓两宋院体画"笔墨精微"之语,可以互为比较。

然则赵孟頫所谓的"古意"究竟又做何解?赵孟頫试图在艺术表现上回归晋唐传统,又出于何种选择?

元人陆友在其《研北杂志》中就认为,"唐之画,实描山水,盖刻画中有飞动之意,后人所难能也"。而俞剑华先生在其《中国绘画史》中认为"良以唐人主法,宋人主理,元人主意,渐由客观入于主观,渐由自然之表现变为自我之表现,遂至重视逸气之摅写，忽略物形之描似，形成超自然、超现实之艺术"。而赵孟頫弃宋追唐，认为"宋人画人物，不及唐人远甚。予刻意学唐人，殆欲尽去宋人笔墨"。宋人之画，得其形而失其神，而唐人之画，如陆友所言刻画中自有"飞动之意"，究其刻画之技未入精微，反而能保有事物对象的神意，也就是说唐以前的绘画中虽在技术表现上有所欠缺，但却未走入唯技术的陷阱里。

而对于两宋之间士人的墨戏，赵孟頫也清晰其缺陷之所在。苏、米诸人之画虽率意野逸，其技法并未刻意，多由书法入于绘事，但并非清晰、主动，也因此失其形似，陆友就认为唐人临摹古迹，得其形似而失其气韵，米芾虽得其气韵，却失其形似，"气韵、形似俱备者，唯吴兴赵子昂得之"。如何气韵、形似俱备，赵孟頫的方式之一，就是援书入画，在他看来，书画同源，在所画《秀石疏林图》题跋上赵孟頫就清楚地描述了书法与绘事之间的关系，所谓"石如飞白木如籀，写竹还于八法通。若也有人能会此，须知书画本来同"。董其昌《容台集》引赵孟頫与钱选问答，赵孟頫问钱选在绘画中怎样的表现可以称之为士气？钱选答："隶体耳，画史能辨之，即可无翼而飞，不尔便入邪道，愈工愈远。"而董其昌更将其做出进一步的阐释，即"士人作画，当以草隶奇字之法为之，树如屈铁，山似画沙，绝去甜俗蹊径，乃为士气"。绘画之"士气"与书法之间于是在理论上有了明确的关系，也即以"写"呈"意"。宋濂就认为赵孟頫"篆镏法施于绘事"。方闻先生通过研究，认为赵孟頫的《双松平远图》《鹊华秋色图》等都明显地运用了书法的用笔，《双松平远图》"学李郭传派的鬼面皴画石法与蟹爪皴树枝法，用的是草书加篆书的笔法"，而《鹊华秋色图》则"仿董源笔意用典雅的楷书笔法"。在其绘事中，书法笔意的存在，是十分典型的。

世人以赵钱并举，其绘画的表现也不遑多让，在《浮玉山居图》《山居图卷》中我们可以看到书写、绘画间形、意相成的有效表达，董其昌言其"精工之极，又有士气"，可谓恰当。而同一时代的高克恭，以二米之法参用董、巨，也成就了元初巨匠的艺术身份，朱德润《题高彦敬尚书〈云山图〉》中言："高侯（高克恭）以文章政事之余，作山水树石，落笔便见云烟溕郁之象，真所谓品格高而韵度出人意表者也。"而王冕则言其"尚书意匠司二米，笔力固与常人殊"，与李衎所题《云横秀岭图》中言"此轴树老石苍，明丽洒落，古所谓有笔有墨者，使人心降气下，绝无可议者"，其意相近。

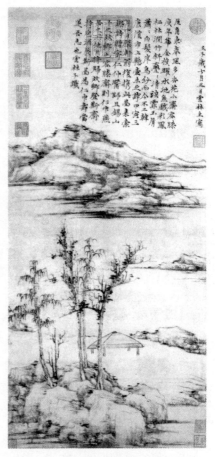

倪瓒《容膝斋图》

文人画在中国历史的艺术之变中经历了唐宋的发端，经元初赵、钱诸人的努力，变得越见主动，俞剑华先生所谓"元人主意，渐由客观入于主观"之说，可以看出文人画也即赵、钱诸人所谓的"士人画"的"意"的有效表达及主动追求，文人山水画终于在"元四家"的时代成为了中国绘画史上的主流。

陈师曾在其《中国绘画史》中对此有极大的肯定："元季诸家与国初之高克恭，一变宋画山水之格法，可谓元格，而创作明清诸家南宗画一种之典型，其南画之大成最力者，为黄、王、倪、吴四大家也。"这四家即黄公望、王蒙、倪瓒和吴镇，若以年岁称，则为黄、吴、倪、王。四家之艺由董、巨经赵、钱、高而来，黄公望更是自称为赵孟頫学生，四人之中对此后数百年文人山水画影响最大的当数黄公望和倪瓒。明朝的李日华论黄公望画"大痴之笔，所以沉郁变化，几与造化争神奇哉"，而倪瓒则认为自己不过"逸笔草草，不求形似，聊以自娱耳"，其实都已经进入形、意自由表达的境界了。从黄、倪之艺术及行迹看，可谓思想、艺术与人生的完美结合了。

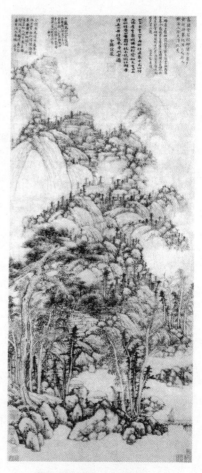

黄公望《丹崖玉树图轴》

黄公望山水画代表作《富春山居图》《天池石壁图》《九峰雪霁图》等已经成为了此后山水画的经典范本，然读大痴画却多凭感觉，想要抓住切确之处却又多觉无处着陆，究其根本，却是其所画者不过心绪体验，是一种与自己的对话。

王翚在其《清晖画跋》中论四家："子久之苍浑，云林之淡寂，仲圭之渊劲，叔明之深秀。虽同趋北苑,而变化悬殊,此所以为百世之宗无弊也。"认为四大家虽然同出于董源,但却各具面目,苍浑、淡寂、渊劲、深秀这样的形容却是气质、格调以及文人精神的理想境界。其艺术表现成就之高更是被神化为"百世之宗",成为此后明清数百年山水画难以超越的典范。

南北宗论及其影响

　　"南北宗论"是中国传统艺术历史中的一个影响深远的公案。其首倡者历来说法不一，有董其昌说也有莫是龙说，但大多认为晚明董其昌是其最主要的倡导者。"南北宗"本意所指为禅宗的"南顿北渐"也即南宗慧能与北宗神秀的法门二宗分流，于此，却被引喻为唐以后绘画艺术的院体画、文人画分流的可能。南宗禅以慧能一系顿悟的法门比喻文人画，北宗禅则以神秀一系渐修之法比喻院体画，其说更因此成为了此后三百多年画论的主流，进而影响到了对于艺术历史的再认识，深刻地影响了此后文人画的创作走向。钱钟书《中国诗与中国画》中就有"中国画史上最有代表性的最主要的流派，当然是南宗文人画"之说，可见南北宗之说在艺术话语中的地位。

　　而以南北分宗来指喻其他事物的做法在唐代也早已有之，遍照金刚《文镜秘府论·论文意》中就有"司马迁为北宗，贾生为南宗，从此分焉"之说，可见这一做法并非肇始于董其昌，董氏也不过是一种借用而以。

　　董其昌在其《云台别集·画旨》中有一段话清晰地表达了南北宗与山水画流变之关系。在他看来，禅家有南北二宗之说，自唐朝时始作分流；而绘画之南北宗分流，亦在唐代，所指并非地理上南方人和北方人。绘画之北宗在唐的代表则为李思训、李昭道父子的着色山水，流传而为宋之赵斡、赵伯驹、伯骕，以及马远、夏珪等；南宗则以王维为代表，始用渲淡，一变钩斫之法，其传如张璪、荆浩、关仝、董源、巨然、郭忠恕、米家父子,以至元之四大家,亦一如禅宗六祖慧能之后,有马驹、云门、临济儿孙之盛,而北宗则越见式微。其关键之处就在王维所谓"云峰石迹,回出天机;笔意纵满,参平造化者",苏轼赞吴道子、王维画,亦云:"吾于维也无间然。"在董其昌看来,可谓知者之言。董其昌"人非南北"的话语中更是明确了南北宗之说所指并非地域或人的南北关系。

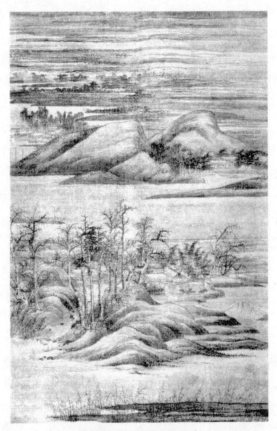

董源《寒林重汀图》

　　董其昌在此为北宗着色山水与南宗水墨山水各种的相续流传勾勒出了一条清晰的脉络,并将王维誉为南宗文人画的鼻祖。在董其昌之前，宋元文人画诸家已经极为推重王维，苏轼更是认为王维诗画的表现一开"士人画"之先声。在董氏所引苏轼《题王维吴道子画》一诗中，他更是将王维置于吴道子之上："吴生虽妙绝，犹以画工论。摩诘得之于象外，有如仙翮谢笼樊。"吴道子于后世被称之为画圣，苏轼将王维置于其上，可见推崇之至。董其昌《画诀》中言："画家以古人为师，已自上乘。进此当以天地为师。"王摩诘得于"象外"之所指，正是所谓的"师造化"。董其昌《画旨》中"文人之画，自王右丞始"之语更是明确地将王维称许为文人画肇始第一人。在苏轼这里，将其称之为士人画，而其具体的表现又莫如王维"诗中有画、画中有诗"的形容。

董其昌"南北宗论"的提出，其重点其实并非试图强分南、北，而是指向艺术表现手段，如沈括《梦溪笔谈》中所谈的，认为"书画之妙，当以神会，难可以形器求也"，比如张彦远《画评》论王维之所画事物，多不问四时真实，如画花往往以不同季节的桃、杏、芙蓉、莲花同画一景，而"余家所藏摩诘《卧雪图》有雪中芭蕉，此难与俗人论也"。"雪中芭蕉"的意象与表现，完全超越了院体画写生精神下的艺术表现。金农就认为王维画中"雪里芭蕉"的表现与其深得佛门禅理有着必然的联系。南宗禅的顿悟与感性，与文人士大夫书画中所关注者极为一致，"悟"与"意"之所在，为其关键。

而士大夫画中所表现出来的"士气"更是历来成为讨论的重点。董其昌《画禅室随笔》卷二《画诀》中认为士大夫作画应以书法用笔，"当以草隶奇字之法为之，树如屈铁，山似画沙，绝去甜俗蹊径，乃为士气"。如果不从书法用笔处入手，"纵俨然及格，已落画师魔界"。这话本有根源，赵孟頫与钱选论画早就涉及这一问题，《唐六如画谱》中就有赵孟頫问钱选，如何是士大夫画之语钱舜举答曰："隶家画也。"赵孟頫极为同意这样的说法。而观之历代绘画大家如王维、李成、徐熙、李公麟等，"皆士夫之高尚，所画盖与物传神，尽其妙也"。而《画诀》有言南宋赵大年画平远山水，绝似王维而秀润天成，"真宋之士大夫画"，董其昌更认为此平远山水一派又传为元代倪云林，"虽工致不敌，而荒率苍古胜矣"，明人作平远山水以及扇头小景，都是以赵大年、倪云林二人为宗，"使人玩之不穷，味外有味可也"。

在董其昌眼里，王维实际上更像是南宗文人画的精神领袖，而实际上影响最为深远的，在他看来，非董源董北苑莫属，巨然、米芾、黄公望、倪瓒皆学董源，然却各各有着自己的面目，实为难得，"盖临摹最易，神气难传故也。……使俗人为之，与临本同，若之何能传世"。巨然、米芾、黄公望、倪瓒等文人画代表的艺术精神之根本，却都是从董源而来。

在董其昌看来，北宗画不可学。而董其昌本身体会到这一点时，其实已经是到了知天命之时了，可见其早年在此上也必多有努力。北宗之不可学其在于学者往往无法体味画中真味而徒具形相，如李昭道一派中赵伯驹、伯骕诸人之画，既精工之极又有士气，但后人学之而得大成就的，不过也只有元初丁野夫、钱舜举极少数人，其他大多只是"得其工，不得其雅"。而数百年间，北宗画最高的成就也就是明代仇英而已："盖五百年而有仇实父，在昔文太史亟相推服。太史于此一家画，不能不逊仇氏，故非以赏誉增价也。"而仇英作画时之聚神刻苦状，恐怕会让很多人将绘画看成畏途："实父作画时，耳不闻鼓吹骈阗之声，如隔壁钗钏，顾其术亦近苦矣。"因此董其昌要到了"行年五十，方知此一派画，殊不可习"。因此，董其昌将北宗画形容为"积劫方成菩萨"的北宗禅的渐修过程，而南宗画，则是希望超越北宗这一苦行僧的修炼过程，试图追求找到"一超直入如来地"的直指人心、见性成佛的途径,其最有代表性的在他看来,莫若董源、巨然、米芾。

南北宗论虽于后世影响深远,但其从士气、写意角度出发过分强调南宗的做法历来也多有质疑者,而大多质疑主要落在北宗苦修不易上。清邵梅臣在《画耕偶录》中就认为"笔墨一道,各有所长,不必重南宗而轻北宗也",在他看来南宗自得渲染之妙,能著墨传神。而北宗有钩斫之精,自能涉笔成趣。若以"约指定归,则传墨易,运笔难",墨色浓淡自可依于方法之中,颖悟者领会于对前贤画作的临摹,"此南宗之所以易于合度"。而若为北宗之画,其修为不足,则极为容易露拙,"若论笔意,则虽研炼毕生,或姿秀而力不到,或力到而法不精,此北宗之所以难以专长也"。北宗之所以不受士大夫所待见,正在于其艰难的渐修过程。戴熙在《习苦斋画絮》中道士大夫耻言北宗,马远、夏珪这一类山水的表现在此后的时代表现不尽人意,而"余常欲振北宗,惜力不逮也。有志者不当以写意了事。刮垢磨光,存乎其人"。而清李修易《小蓬莱阁画鉴》则毫不客气,认为士人尊南拒北,实际上是畏难所致。或问均是笔墨表现而已,而士大夫作画,必推尊南宗也,原因究竟何在?李修易因此认为:"北宗一举手即有法律,稍觉疏忽,不免遗讥。故重南宗者,非轻北宗也,正畏其难耳。"在董其昌之后的三百年,这种畏北趋南的形态在画坛上也有着比较典型的表现,后人对于南北宗论的批判大多也基于此。

但这实际上也是片面的说法。其实董其昌从"积劫方成菩萨"的描述看,这问题已经是有所涉及的了。"积劫方成菩萨"与"一超直入如来地"本为两种不同途径,但最终要达到的结果却是一致的。"一超直入"的说法更多关注的是画者精神的主体意识,而"积劫"却是寻求切身的体会,由外而内。作为文人士大夫,其倾向南宗是一种必然的结果,虽然从道理上说,任何一条途径都能达到最终的结果,比如仇英。但对于士大夫而言,南宗对于"气、韵、意"的特别强调无疑更具有亲切感,也自然会有所选择。

董其昌之后实际上像"四王"中的王翚就试图融合南北宗,清张庚《国朝画征全录》就有"画有南北宗,至石谷(王翚)而合焉"之说,盛大士《溪山卧游录》则言"耕烟(王翚)资性超俊,学力深邃,能含南北宗为一手",可见,在很多时候,总有一些画家在试图进行这种南北融合的努力,艺术表现上强分南北的做法,恐怕本非董其昌原意。

写意的极致

　　中国传统绘画中的文人画本以写意为心，人物、山水、花鸟在写意上都表现出了不同的状态。若以书法中草书写意的发展比较，则山水画表现出来的小写意传统一如草书中章草、行草的表现，而以花鸟为主要表现的大写意传统则更像是狂草的表现。这样的比较实际上是有合理性的。文人画讲究以书入画，大写意所运用的，正是狂草笔意，而从这一点上看，大写意花鸟的表现，在中国古代绘画的写意传统中，几近极致。而其高峰，则为明代陈白阳、徐渭，以及清初八大山人的艺术表现。王朝闻总主编《中国美术史·明代卷》中将徐渭、陈淳誉为"青藤白阳"，并由此成为了二者与大写意的指称，以此称许他们于水墨大写意花鸟画开宗立派的重要作用。

　　但陈淳、徐渭之大写意表现并非在中国古代艺术传统中突兀地出现，在其之前，写意的传统已经在文人画的发展历程中有着充足的发展了。早在唐代，张璪就已经提出了"外师造化，中得心源"的艺术理论，这可以看成是写意传统最早的理论基础之一了。而公孙大娘西河剑器之舞与张旭、怀素狂草之间所形成的力、势、意、气的表现关系，也提供了写意传统由书入画的另一种可能。盛唐时期"李思训数月之功，吴道子一日之迹"（《唐朝名画录》）的典故，也为我们揭开了写意传统的序幕。

　　早于五代宋初出现的"徐黄体异"的风格体认，则在徐熙野逸风格下落墨纵横的"南唐落墨花"的表现，与写意绘画传统之间建立了最直接的联系。徐熙笔下之"意",发展到了宋元之间,就象元人汤垕《画鉴》中所言画梅为之写梅,画竹为之写竹,画兰为之写兰,"写"的原因何在呢?"盖花卉之至情,画这当以意为之,不在形似耳。"也就是说,"意"当以"写"而为之。

而中国传统写意绘画中狂草笔法的融入,则绕不过南宋人称"梁疯子"的梁楷减笔人物画。《图绘宝鉴》卷四《宋·南渡后》言梁楷尚画人物、山水、道释、鬼神。师贾师古,描写飘逸,青过于蓝。为嘉泰年间画院待诏,其人高洁,"赐金带,楷不受,挂于院内,嗜酒自乐,号曰梁疯子"。画院中人见其精妙之笔,无不敬伏,"但传于世者皆草草,谓之减笔"。梁楷的《李白行吟图》《泼墨仙人图》可谓写意人物中的经典之作,画面奇特洗练,简减之风近乎极致,虽作为画院中人物,画中也略少文人意味,然于人物大写意表现上,却可谓开山之作。

梁楷大写意之风在两宋间显得略有突兀之感,而写意画在宋元间,则基本发生在文人士大夫墨戏之间,宋之苏轼、文同、米芾、法常,元之李衍、王冕、吴镇、倪瓒等多有写意之作。

但写意的高峰或者说大写意之极致,却要留待陈白阳与徐渭、八大的艺术表现了。

陈淳字道复,号白阳山人,明中叶人,为吴门画派领袖文徵明弟子,然能自出门墙,开一代写意花鸟之风。陈白阳虽为文徵明弟子,其笔意追求却多从沈周而来,方薰在《山静居画论》中言"白阳笔致超逸,虽以石田(沈周)为师法,而能自成其妙"。陈白阳笔墨之表现力以及其不求形似的个人追求,如其于《烟峦叠嶂图并题卷》中就以沈周水墨花枝表现中所追求的"形骸之外"的诉求自许。更为具体的表述则如《墨花八种》中跋语所言:"以形索影,以影索形,模黏到底耳。"

白阳写意笔意与其草书有着必然的联系,徐渭《跋陈白阳卷》言"陈道复花卉豪一世,草书飞动似之",而王世贞更是形容其书法狂放之态如"墨中飞将军也,当其狂怪怒张,纵横变幻,令观者辟易"。这样的表现,已复有张旭狂草的恣意。

陈白阳的艺术大多以写意花鸟为主,他认为自己的画本来就是写生的表现,而写生本为五代、两宋年间花鸟院体画的主要表现手段。陈白阳这种"写生"的艺术行为之于写意花鸟的意义,则表现为最终试图通过寻求对象的生命状态而观照自身。

明人对于陈白阳历来有着极高的评价,董其昌更是将其誉为当代第一写生名手,认为其已经深得写生之趣,可见这一关于写生的描述,其意义已经超越两宋院体花鸟写生的技术与意趣所在。王稚登《吴郡丹青志》对此有生动的分析,在他看来:"(陈白阳)尤妙写生,一花半叶,淡墨欹豪而疏斜历乱,偏其反而,咄咄逼真,倾动群类。"更因此与院体写生做出比较,认为"若夫翠辨红寻,葩分蕊析,此俗工之下技,非可语高流之逸足也"。陈白阳淡墨写出的物象体验,与精确描写的画工之流本无语境,其追求可谓两极。老师文徵明《花卉诗翰图》卷后题跋言其有青出于蓝之誉,而"观其所作四时杂花种种皆有生意。所谓略约点染而意态自足,诚可爱也"。生机所在,正是白阳写生的笔迹着落之处。

而这一写意水墨花鸟的写生表现,对于陈白阳来说,也有着一个变化的过程。在广州美术馆所藏的《花觚牡丹图》的跋语中,陈白阳自己则言:"余自幼好写生,往往求为设色之致,但恨不得古人三昧,徒烦笔研,殊索兴趣。近年来老态日增,不复能事少年驰骋,每闲辄作此艺,然已草草水墨。"可见其早年的写生与昔日院体画的追求也颇有一致之处。而此刻草草水墨的写意表现,自己虽谦言不过是老来乏力所致,但语气中却难免言不由衷。王世贞认为:"白阳道人作书画不好模楷而绰有逸气，故生平无一俗笔；在二法中俱可称散僧入圣。"作为老师的文徵明也有着相近的看法："陈道复作画，不好楷模，而绰有逸趣。故生平所制，无一点尘俗气。"这种出尘脱俗的意象表现，具体到白阳写意花鸟的情景，则其表现出来的，终归清绝境界，其《岁月》诗言"屋上霜如雪，地上月如水。此景人不知，清绝吾所喜"，即如是。

这写意的一片生机，所观照的生命迹象，陈白阳所谓"清绝"之处，却为事物本质，所期待的正是一种澄明境界，写意的精神在此似乎又复回归了宗炳《画山水序》中文人士大夫"澄怀味象"的山水追求，写生写意，观照自身。

陈白阳写意中依然有着传统文人士大夫清醒的意志，其写意所追求的清绝境界，如今看来，还是极有控制的结果。将写意的表现推向极致的，却是略后于陈白阳的徐渭，以及清初的八大山人。

齐白石就曾经以诗向徐渭、八大以及清末吴昌硕做出特别的致敬："青藤雪个远凡胎，缶老（吴昌硕）衰年别有才。我欲九原为走狗，三家门下转轮来。"青藤即徐渭，雪个为八大，缶老所指即吴昌硕，三家门下走狗之说，于是在此后成为中国写意传统中津津乐道的典故。而齐白石又曾言："青藤、雪个、大涤子之画，能纵横涂抹，余心极服之。恨不生三百年前，为诸君磨墨理纸，诸君不纳，余于门外饿而不去，亦快事也。"齐白石在此，更是拉上了石涛（大涤子），然在齐白石语中，徐渭和八大无疑更为关键。

徐渭是个让人一唱三叹的人物，若考其一生，难免哀其不幸。然此又是一奇伟天才之人，袁宏道语徐渭"病奇于人，人奇于诗，诗奇于字，字奇于文，文奇于画"，我们如今将其大写意花鸟誉为极致之作，而其诗、文、人，又是何等动人心魄。

徐渭豪迈跌宕而又病痛悲愤，文才韬略，素怀大志却命运乖戾,精神病、自杀、入狱、杀妻,一身潦倒。其大写意所写之精神世界早已超越了传统文人画中逸笔草草的格调追求,成为不可复制的一种艺术体验。北京故宫博物院所藏徐渭《葡萄图轴》中所题"半生落魄已成翁,独立书斋啸晚风。笔底明珠无处卖,闲抛闲掷野藤中"一诗可谓其后期心境的写照。

徐渭一生如戏,也写戏,对人生如戏的体验更加真切。其剧作《四声猿》甚至让汤显祖叹服拜倒。清周亮工《赖古堂书画跋》言:"青藤自言书第一,画次,文第一,诗次。此欺人语耳。吾以为《四声猿》与草草花卉俱无第二,予所见青藤花卉卷皆何楼中物,惟此卷命想著笔,皆不从人间得。"周亮工更因此替汤显祖做出想象,言"汤临川见《四声猿》,欲生拔此老之舌",而周亮工更是"见此卷欲生断此老之腕矣!吾辈俱有舌腕,妄谈终日,十指如悬槌,宁不愧死哉!"(《赖古堂书画跋》)世间戏,笔底戏,在徐渭这里,已很难分得清楚了。

后人多谓徐渭写意为文人墨戏之极致,从其以淋漓放任之墨色化为画影的表现看,墨戏的行状是能够轻易体会得到的,弃色用墨的追求可以在他题水墨芭蕉诗中看到,其诗曰:"种芭元爱渌漪漪,谁解将蕉染墨池。我却胸中无五色,肯令心手便相欺。"而在《四时花卉图卷》中,徐渭更是将自己纵任自如出入笔墨物象之间的态度表达得极为有趣:"老夫游戏墨淋漓,花草都将杂四时。莫怪画图差两笔,近来天道够差池。"在徐渭看来,这种"差两笔"正是事物不完美的现实,事物本无完美,而作为艺术的表现,又何必强作要求呢?而画中水墨淋漓、四时杂揉之境,正是文人墨戏的要隘,其根源,却是王维"雪里芭蕉"的典故。徐渭有多处在其画题中谈到"雪里芭蕉",如《题水仙兰花》言"水仙开最晚,何事伴兰苕?亦如摩诘叟,雪里画芭蕉",而《梅花蕉叶图轴》中也有"蕉叶伴梅花,此是王维画"句。以王维的典故表达自己的创作态度,其对于形、相、色、实的思考及笔化之功几近无碍。

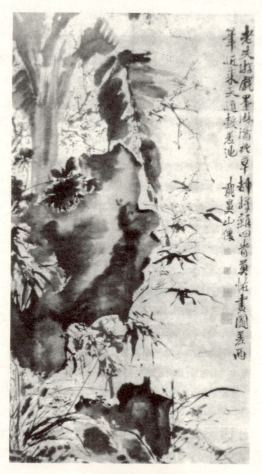

徐渭《四时花卉图轴》

郑板桥一生服膺徐渭,齐白石"青藤门下走狗"的说法实际来自郑板桥,而其更曾细致地描述了徐渭的技法,可见是关注极深的,如其画题言:"徐文长先生画雪竹,纯以瘦笔、破笔、燥笔、断笔为之,绝不类竹,然后以淡墨水钩染而出,枝间叶上罔

非雪积,竹之全体在隐约间矣。今人画浓枝大叶,略无破阙处,更加渲染,则雪与竹两不相入,成何画法?"(《板桥题画录》)

晚明恽向《山水图》跋言"画以意为主,意至而气韵出焉",写意传统本自六法而来,而其更脱出了六法的藩篱,郭若虚在《图画见闻志·论气韵非师》中言"如其气韵,必在生知,故不可以巧密得,复不可以岁月到,默契神会,不知然而然也",就清晰地说明了这种事物本身所具有的不可模仿性。

而历代写意大家各具意味,如米芾癫、黄公望痴、倪云林迂、沈周憨而又如陈白阳之真、徐渭之狂、八大深沉以及石涛的激越,于写意之上各有精神面目。中国传统绘画中写意花鸟从两宋"徐黄体异"的分野中逐渐形成了自己的表现手段,至沈周、陈白阳已经卓有大成。

然陈白阳写意中虽具狂草笔意,却犹未脱写生意趣,虽有观照,其自我的表现却还是被动的。而徐渭的大写意则不同,其手段已经脱出形相,可以说真正进入了写意的自觉之中。若论徐渭之于写意传统的贡献,则可以说,这种脱出形相的写意,真正确立了写意的精神体系。

中国传统写意绘画的发展到了徐渭的时代,建构了自己的一个高峰。而此后,则由此高峰处奇峰突起,为写意绘画打开了另一个别具面目的世界,写意之"意",因此有了因精神而思想的沉淀。其关键人物就是后人多以"八大山人"称之的旧明王孙朱耷。

朱耷为明朝旧王孙,入清为僧,法名传綮,字刃庵,为清初画坛"四僧"之一,山水、花鸟及书法都有极高的成就。期间用过雪个、个山等号,后改当道士,晚年取号八大山人。旧王孙的身份对于八大的艺术创作来说影响无疑是巨大的,甚至可以说,八大画中所表现出来的那些情绪所系,与其特殊的身份是有着极深的联系的。

八大之画淋漓奇古,不求形似而又创生形似。石涛在其《山水册》自题云各大名家或高古,或清逸,又或干瘦,或豪放,各自有各自的面目,而言朱耷,则为"淋漓奇古之如南昌八大山人",可以说这些艺术大师们的表现,"皆一代之解人也"。石涛以"淋漓奇古"形容八大的大写意山水、花鸟,实则因其对八大画面背后的精神实质有着极深的了解和体会,其中一个原因,恐怕和他们都是明朝宗室的身份有关。

"淋漓奇古"实则可以拆分为更为细致的意义传达,"淋漓"多从画面笔墨痕迹的表现出发,而进一步指向的是"奇"的不求形似,"古"之所系,却是一种历史感的存在,这里的"古",与赵孟頫之后文人画家所追求的"古意"是有着一些差异的。八大自题画诗中有"墨点无多泪点多,山河仍是旧山河",恐怕正是其画中"淋漓奇古"的心境再现。

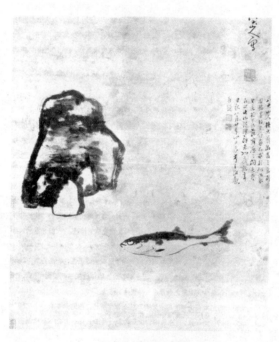

八大山人《鱼石图》

在北京故宫所藏《鱼石图》中，有康熙年间的书家王澍所题跋言："八大山人挟忠义激发之气，形于翰墨，故其画不求形似，但取其意于苍茫寂历之间，意尽即止，此所谓神解者也。"其语中关键，与"淋漓奇古"的形容其实是颇为一致的。郑板桥题画诗中描写八大和他的绘画，也发现了其画面表现与其家国悲愤的精神实质之间的关系："国破家亡鬓总皤，一囊诗画作头陀。横涂竖抹千千幅，墨点无多泪点多。"

若以大写意与狂草相类，在八大的画中，更能让人体会到其一致之处。不仅仅是其笔墨痕迹，更具体到他画中所表现出来的物象的状态。特别是其大写意花鸟中近乎符号的鱼、鸟、石、荷等奇异突兀的艺术形象。而画中的这些物象，自身已生长出了属于自己的生命状态，这样被人能真切体味的创生的形似，却已经完全是属于八大了。

八大的写意花鸟中多以简笔为之，在其时已经颇受文人所称道，在这一点上，石涛的表现就颇有不如，郑板桥在其题画中言："八大名满天下，而石涛名不出吾扬州，何哉？八大纯用简笔，而石涛微茸耳。"八大、石涛具为画坛巨子，在后世的评论中一如李、杜各有千秋，而在其时，八大的简笔写意分明更受世人的看重。张庚则看到了八大简笔写意背后的根基所在："山人画笔固以简取胜，不知其精密者尤妙绝。"又言八大山人"拙规矩于方圆，鄙精研于彩绘"。可见其于"精密妙绝"的追求曾多有着力，简笔之法，不过是其升华。恽恪就认为："画以简为尚。简之入微，则洗尽尘滓。独存孤迥，烟饕翠黛，敛容而退矣。"

而八大山人自己更是借苏轼之用笔说明了笔法变化的可能，在《为西老年翁书行书扇面》中，八大就认为："士大夫多讥东坡用笔不合古法，盖不知古法从何处出耳。"

从徐渭和八大的艺术表现，我们看到了写意绘画的极致所在。徐渭写意中所传达出来的意指所在,更多落在个人的精神维度上。而八大的写意之中,所传达出来的则更加丰富,其写意花鸟所承载的意指中,个人的精神维度被落在了一个更大的历史维度中。家国与个人于是被杂糅在了淋漓奇古的笔意之中,借由其创生的形似物象而予以表现。

至此我们发现,中国传统绘画的写意在徐渭、八大这里已经近乎达到了这一艺术表现手段的极致之处,那么也就是说,留给后继者的空间其实已经是极为有限的了,对于写意绘画而言,其实也在此进入了可能的困境。

美国中国艺术史专家高居翰关于写意之于中国艺术的意义有过一段描述,在他看来,明清中国画是逐渐呈衰落的状态的,而在他看来,原因就在于写意手法的滥用,在他的《写意——晚期中国画衰落的一个原因》一文中:"'写意'手法的滥用,广义地来说,那些用相对疏松、疾促的笔法绘制的简陋作品的泛滥是清初之后(17世纪以后)中国画衰落的一个重要——也许是最重要的一原因。"对于他来说,中国古代艺术中"写意"优于"工笔"的观点实在是很值得怀疑的。当然,高居翰同时也承认:"中国绘画发展到后期阶段,仍不乏有许多杰出的'写意'画家和'写意'作品。"

写意之所以陷入困境的根源,康有为在《万木草堂所藏画目》中有自己的看法:"惟中国近世以禅入画,自王维作《雪里芭蕉》始,后人误尊之。苏、米拨弃形似,倡为士气。元、明大攻界画为匠笔而摈斥之。夫士大夫作画安能专精体物,势必自写逸气以鸣高,故只写山川,或间写花竹。率皆简率荒略,而以气韵自矜。此为别派则可,若专精体物,非匠人毕生专诣为之,必不能精。中国既摈画匠,此中国近世画所以衰败也。"

康有为之说是有一定道理的,但其将中国绘画在清代衰败的责任完全放在文人写意画上也有片面之处。重写意而轻写实的做法是否导致了中国传统绘画的衰败,若从画体本身出发谈这一问题,实在是颇有怀疑的,甚至清代绘画是否呈现为艺术上的"衰败"这一问题本身,也是值得重新探讨的。有清一代,包括了"四僧"、"四王"、吴历、恽恪以及后续的扬州八怪等画家的表现实际上是十分突出的。石涛的"我自用我法"更是启迪了晚清的吴昌硕以及后来的齐白石,写意的发展还在继续,只不过,与晚清之后大时代的变局之间产生了一个天然的断裂,康有为所论,其实正是在这语境之中。

"入缵大统"与"市井上下"

　　董其昌有关南北宗论的提出，最重要的一个结果就是使得以水墨山水为代表的文人画在画坛的统治于清初得到了进一步的强化，其中就以"四王"为最主要的代表人物，"四王"因此更成为了一个符号。

　　"四王"说的是清初四位联系紧密的文人山水画大家，即由明入清的王时敏、王鉴，以及王时敏的孙子王原祁，还有为前二王所提携出来的王翚。而我们一谈到"四王山水"于中国传统绘画的贡献，一般来说指向的就是其试图承集古人大全的努力，其最直接的就是以"复古"为名的艺术表现。

　　四王在清初被誉为画坛代表，成为正统的代言人。"四王"影响下的清代画坛，于是更多地在其"复古"理论的指导下循循而行，不敢轻易逾越。期间虽每有天才闪烁，但总体上的创造力、表现力是越见示弱，这也就导致了清末民初康有为、陈独秀、吕澄以及徐悲鸿等的大力抨击，试图通过革"四王"的命进行一场"美术革命"。可以说，清末民初是"四王"声望最受打击的年代。然而康、陈之所论，却有着大时代的背景和语境，同时也不免带着其个人的偏见。有关"四王山水"于有清三百年以及中国传统绘画的贡献，并未随着这一"美术革命"而被轻易抹杀，其于形式表现上的贡献，是中国传统艺术绕不过的一个发展的阶段。

　　"四王"与董其昌的南北宗论有着最直接的继承关系。王时敏和王鉴与董其昌有着师徒名分，其对于董其昌所提倡的南北宗论基本上是奉行不悖的。南北宗论对于文人水墨的推崇,其最重要的就是对于"元四家"的顶礼膜拜的态度。"元四家"中特别是黄公望及倪瓒的山水,被其奉为绝对经典,南宗所指代的文人水墨山水中终极追求的"士气"、"书卷气"以及逸格,更是被视觉形式所符号化。

但"四王"并非真正意义上的复古,就像元初赵孟頫托古改制一样,复古其实只是表象。在四王这里,笔墨几乎成为其最主要的追求,这也就出现了中国传统艺术史上形式先行的艺术表现形式。"四王"及其后续者寻求南宗诸大家的作品,进行了极尽目的性的临摹与挪用,他们的学习,不再是所谓的"师造化",其一切体悟的对象,更多是前人的笔墨表现及其建构的画面意境。

王时敏评王翚的艺术手段,对于唐、宋、元诸名家的作品,王翚无不摹仿逼肖。偶一点染,展卷即能感觉到古色苍然之态,更毋论画中的位置、蹊径,已经宛然古人所为。而唐、宋、元诸名家笔墨神韵,在期间一一得以寻具,更加让人难以置信的是,王翚所仿古画,"仿某家则全是某家,不杂一他笔",如果不是题款说明,就算是善于鉴别古画者也不能辨晰,"即沈文诸公亦所不及者也"(《西庐画跋》)。可见,其重点在于学习前人的程式,"仿某家则全是某家,不杂一他笔",已经是有走极端之嫌了。学习从临摹与程式入手,自然而然地更为关注其笔墨表现,于是就发生了这一极具艺术发展特性的现象:笔墨成为了艺术的主要表现。也就是所谓的形式先行了。

但"四王"各自的表现又略有不同。

王时敏,字逊之,号烟客,江苏太仓人,为晚明名宦之后。幼随董其昌学画,深得其南北宗论之要,临摹、复古为其主要的表现,其最推崇的莫过于元四家的黄公望,曾语"元季四家,首推子久,得其神者,唯董宗伯;得其形者,予不敢让",可见其对黄公望、董其昌的推重以及向慕、继承的志向所在。

王时敏在其《题自画寄冒辟疆》中更是描述了他数十年如一日临摹黄公望真迹的做法，他曾收藏有一些黄公望的真迹，而王时敏更是"自壮岁以迄白首，日夕临摹，曾未仿佛毫发，盖子久丘壑位置，皆可学而能，惟笔墨之外，别有一种荒率苍莽之气，则不可学而至，故学者罕得其津涉也"。在此，王时敏也清晰地认识到了笔墨之外的那种绘画的精神所在，所谓"荒率苍莽"之气，毕竟不是笔墨临摹所能体味、表现得到的。但同时我们也可看到，从董其昌开始而经"四王"，对于艺术表现技法的重视和研究是超出前人的，在这一点上，四王对此无疑是做出了积极贡献的。

而王时敏的孙子，四王之一的王原祁就在其《雨窗漫笔》中详细描述了王时敏与元四家特别是黄公望、倪瓒之间的艺术关系，言："古人南宗北宗，各分眷属。然一家眷属内，有各用龙脉处，有各用开合起伏处，是其气味得力关头也，不可不细心揣摩。"比如董源、巨然之画看起来就有全体浑沦、元气磅薄之感，令人不可测其端倪。而元季四家，俱私淑之，都是从董、巨而来。王蒙的构图中"龙脉多蜿蜒之致"，吴镇"以直笔出之"，与王蒙各有分合之处，关键在其"配搭处"。黄公望则"不脱不粘，用而不用，不用而用，与两家较有别致"；倪瓒则"纤尘不染，平易中有矜贵，简略中有精采，又在章法笔法之外，为四家第一逸品"。王时敏之画得力倪黄颇多，"曾深言源委，谨识之为鉴赏之助"。

这里却引出了另外一个问题，也即笔墨之外的画面构成，及语中"龙脉"之说。"龙脉"之说虽未及具体，却一开形式分析之先河，而以"龙脉"而展开布局的水墨山水，因此也成为了此后文人山水的一种艺术程式。

王原祁，字茂京，号麓台，少时即有画名，而其是于清廷居有高位,世人称之为"王司农",为清初画坛领袖之一。其笔墨的形式感极具个人表现,得于古人之处甚多,中年秀润,晚年苍浑,其浑沦气象,本出董源、巨然而直追元四家的黄公望,又参摹倪瓒、董其昌笔意,用干墨重笔皴擦,形成了极具特色的笔墨手段。对于笔墨、设色,他更有具体的理论阐述:

"用笔忌滑,忌顿,忌硬,忌重而滞,忌率而泅,忌明净而腻,忌丛杂而乱。又不可有意着好笔,有意去累笔。……设色即用笔用墨,意所以补笔墨之不足,显笔墨之妙处。今人不解此意,色自为色,笔墨自为笔墨,不合山水之势,不入绢素之骨。惟见红绿火气,可憎可厌而已。惟不重取色,专重取气,于阴阳向背处,逐渐醒出,则色由气发,不浮不滞,自然成文,非可以躁心从事也。"

文人画中"书卷气"之说也因王原祁而发扬光大。《麓台题画稿》中王原祁就曾多次谈到"书卷气"与绘画的关系,如"画法与诗文相通,必有书卷气,而后可以言画"之语,又比如"画虽一艺,而气合书卷,道通心性","书卷气"与"心性"之间的关系,被上升到了"道"的层面。

王原祁对于笔墨、布局、设色的探讨表明了他对于南宗诸大家艺术形式的深入理解,从其政治地位与艺术能力及理论建构看,成为当时的画坛领袖也是一种必然,其跟随者众多,并形成了娄东一派,与王鉴、王翚一脉所形成的虞山派成为了一支双叶的清初画坛正统。

而与王时敏交往深密又共同受教于董其昌的王鉴,本也为晚明名门之后,祖父即为当时文坛领袖王世贞,其于南宗文人山水的贡献一如张庚《国朝画征录》中所说"以两先生有开继之功焉","两先生"即王时敏和王鉴。王鉴与王时敏略有不同,虽也同出董、巨,但于"元四家"中更服膺王蒙,因此其山水表现上兼具了水墨、浅绛、青绿等不同的手段。王时敏对王鉴之画极具赞赏,在其题王鉴《仿黄公望山水轴》中就称誉道:"玄照此图,丘壑位置深得梅道人三昧,而级法出入董、巨。"更认为其于当今画家中可推为第一,简直拜服之至,"展现不觉下拜,遂欲焚砚矣",可见其评价之高。

王鉴虽在后来被认为是虞山派的肇始人物,但真正确立者却是王翚。

王翚,字石谷,号耕烟散人,出自艺术世家,少为王时敏、王鉴所赏识、提携,师从二王数十年,其年略长于王原祁,在艺术追求上,不像王原祁只认南宗,虽也服膺南宗士人风骨,却能融贯南北宗,成就了一代巨匠。

张庚《国朝画征录》中就认为"画有南北宗,而至石谷而合焉",盛大士也认为,王石谷"资性超俊,学力深邃,能含南北画宗为一手",可见其融贯南北宗的努力在其时已经是为人们所认可的了,北宗"斧劈皴"与元四家惯用的干墨皴擦被其进行了有效的转化。

王石谷自题《为周亮工所作画册》中就谈到了他出入"南北宗"所体会到的流弊所在。在他看来,画道之所以呈衰弱之势,最大的可能就是明清之际各种流派囿于门墙之见所致。而考察元四家,则其实是各具面貌的,如黄公望苍浑,倪瓒澹寂,吴镇渊劲,王蒙深秀,虽说同出于董源笔意,却变化悬殊,可见各家都有其表现的手段,不能以一种标准来进行强行判断。但流派之争本为现实,王石谷能够融贯南北宗,其实也是经过了多年的努力和思考:"翚自齠时搦管,矻矻穷年,为世俗流派拘牵,无繇自拔。大抵右云间者,深讥浙派,祖娄东者,辄诋吴门。临颖茫然,识微难洞。"王翚自二王处得其笔法基础,又遍览东南收藏诸家,得以观王维、李思训、荆浩、董源等名家作品,"上下千余年,名迹数十百种",然后知画理之精微处所在,而终于明白画学所涵盖之博大广阔,自非区区一家一派之所能尽其表现，"由是潜神苦志，静以求之，每下笔落墨，辄思古人用心处……于是涵泳于心，练之于手，自喜不复为流派所惑，而稍稍可以自信矣"。因此王石谷做出了自己的选择："以元人笔墨，运宋人丘壑，而泽以唐人气韵，乃为大成。"（《清晖画跋》）

"四王"于清初画坛受到了统治者的欢迎，王翚、王原祁更是出入于庙堂之间。王翚于康熙三十年奉诏绘制《南巡图》，其声望趋极顶峰。而在这状况下，"四王"这一理出南宗、心手摹古的笔墨形式表现，成就了其于清初画坛的正统地位。

然而问题也伴随而生，作为清初画坛正统，以四王为旗帜的娄东、虞山二派，在此后的表现却越来越局限，四王本身复古而自有心臆，接续者却不敢越其门墙有所破格，最终还是又回到了王石谷所认为的世俗流派拘牵而无繇自拔的境地。

另一个问题是南宗文人画之本来面目在于士人风骨而批判北宗之拘于技术，而到了"四王"之后的接续者那里，"四王"以及南宗前贤却成为他们的"技术"所在，批判者成了被批判者本身，这确实是一种悖论。

而从另一个角度看，对于四王及南宗前贤的笔墨表现及图式的研究和实践，则让中国传统艺术的表现进入了对"形式"的主动追求，这也是艺术发展的一个必然，这也可以看成是"四王"及其后续者最重要的贡献了吧！

于"四王"门墙中又能别出新枝者莫过吴历和恽寿平，世人并以"四王吴恽"称之，吴历山水别出一格，而恽寿平在花鸟上另开新天地。恽寿平（恽格）曾有所谓与王翚语："是道让兄独步矣。格妄，耻为天下第二手。"而舍山水就花鸟之说，语出张庚《国朝画征录》。但若考察恽寿平山水画的表现，实际上个人面目清晰，已经形成了自己独有的风格了，画中多有自然荒乱真切之境，自有深远、荒茫境界，其成就与王石谷相较,实际上不遑多让。

中国传统艺术发展至清初,以四王为代表的画坛主流高举南宗大旗,实际上却与原来的文人士大夫绘画追求有所区别,走向了笔墨、图式为主的"形式"追求上。而与此同时,经济社会的发展,市井之间对于艺术的要求,也使得艺术与生活的关系发生了某些变化,艺术的商业化成为一个新生的现象。这其中,"扬州八怪"的出现,以及其与扬州富商之间相互依附的关系,使得扬州地区的艺术生态成为最具典型性的存在。

艺术的商业化对于中国传统艺术的发展而言,预示了中国传统艺术在观念表达上,必然将作出巨大的改变。从唐宋以前更多为教化而求"鉴诫贤愚"为主要功能到唐宋之后文人画通过墨戏自抒心性,至元四家及明中叶沈、文诸人达到顶峰,再经由明末清初,由"南北宗论"的提倡到"四王"进入了形式语言的探究。在这一艺术的历史进程中,艺术并未表露出其与商业之间的关系可能,甚至可以说,在此之前,艺术这一事物是似乎天生就是耻于谈利的,更别说文人士大夫墨戏下的"士气"与"书卷气"。然而,以"扬州八怪"为代表的艺术活动,却改变了中国传统书画艺术高踞象牙塔的存在状态,艺术进入日常生活成为了一种追求,虽然涉及的还只是少数富裕人群,但毕竟艺术生态开始出现了平民化的倾向。

谈论"扬州八怪"及其扬州艺术生态,则不得不先谈及与"扬州八怪"有莫大关系的石涛。昔日与"四王"并据画坛的"四僧"之一的石涛,晚年移居扬州,构筑大涤堂,与扬州八怪中人多有交往,如高翔、李鱓等,石涛对扬州八怪的艺术发展产生极深的影响,死后葬于扬州。俞剑华《"扬州八怪"承前启后》:"八怪的主要渊源,并不很远。近的直接是受石涛、八大的影响,而石涛的影响最大。"扬州画坛对石涛十分推崇,多有临摹之作,郑板桥《题跋》就有"石涛和尚客吾扬十年,见其兰幅极多，亦妙极。学一半，撇一半，未尝全学。非欲不全，实不能全，亦不必全也"之说。而郑板桥跋李鱓《花卉册》则言"在扬州见石涛和尚画，因作破笔破墨，画益奇"。

"四僧"都为由明入清的前朝遗民，其中八大山人和石涛为旧明王孙，而髡残和弘仁也都有着强烈的遗民意识，这些都使得他们的画中表现有异于同时代的"四王吴恽"，较为一致的，则都祖奉南宗。这里面，石涛就显得极为特别，虽然四僧都各具面目，八大山人的大写意的成就在此后似乎更被画坛所推重，但石涛的特殊之处在于绘画理论上的创建，其一反"四王"诸人对于南宗前贤之法的不敢轻越藩篱，大胆地喊出了"我自用我法"这样的艺术口号，对于后续者而言，他无疑打开了我们思考艺术何为的思维模式。

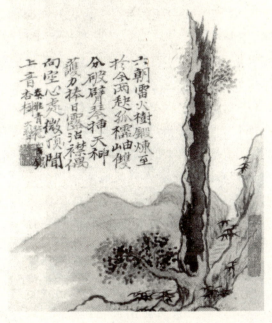

石涛《山水册》

石涛在其题画诗跋中就有棒喝之语:"画有南北宗,书有二王法。张融有言:不恨臣无二王法,恨二王无臣法。今问南北宗,宗我耶,我宗耶,一时捧腹笑曰:我自用我法。"

对于画中南北宗论,石涛当然也是认可的,然而在师资传授上却有了自己明确的态度,"我自用我法"的说法是因为他看到了所谓的"法"发生的根本所在。也就是用一种追问的方式,古人未立法之前,有谁知道古人又是"法何法"呢?如果古人新制立法之后便不允许出其藩篱而有所新的建构,新的艺术高峰又怎么有出现的可能呢?古人在形制立法之时,是必须有所依据的,即"古者,识之具也;化者,识其具而弗为也。具古以化未见其人也"。因此石涛极力批判泥古不化者:"常憾其泥古不化者,是识拘之也。识拘于似则不广,故君子借古以开今也。"(《苦瓜和尚画语录》)"借古开今"于是成为了他自立我法的手段之一。"借古开今"之"借",与元初赵孟頫"托古改制"之"托",其实是近似的手段,"四王"的方式其实也是相近的,然而石涛却走得更远,借的是古人师造化的体悟方式而非其笔墨形式,其目的在于自我立法。

《大涤子题画诗跋》中另有一条题跋:"古之须眉,不能生在我之面目,古之肺腑,不能安入我之腹肠,我自发我之肺腑,揭我之须眉。纵有时触着某家,是某家就我也,非我古为某家也。"石涛在此更为形象地用"我"的面目之上生的必是"我"的须眉的形容,强调了"我"自身面目的理所当然的存在方式,也就是自我存在的基本条件和理由。在石涛的画论中,"我"成为了一个最基本也是终极的追求。如果说徐渭和八大的"我"还是一种非自觉表现,那么在石涛这里,艺术观念的确立,则将艺术上"我"的追求进行了事先的张扬。就像他在另一条题跋中所说"荆关耶?董巨耶?倪黄耶?沈赵耶?谁与安名?余尝见诸名家,动辄仿某家,法某派。书与画，天生自有一人职掌一人之事……从何处说起?"在石涛看来，艺术本为个人表现，"我自用我法"本为应该之事，自我禁锢在某家某派之中，已是失去天生自我了。

这样的石涛，对于扬州的艺术家们而言，无疑是极具魅力的。

但对于石涛及其影响下的扬州画派的艺术表现，王原祁则另有看法，在他看来，广陵(扬州)白下(南京)等地的绘画，似乎又回到了昔日不注意笔墨的浙派的路数上了:"广陵、白下，其恶习与浙派无异，有志笔墨者切须戒之。"王原祁的态度与他一贯的追求是一致的，其批判的重点在笔墨形式上。而清末华翼纶《画说》中所说，则可看到四王余脉对于石涛、扬州八怪们一贯的看法，其涉及的几个关键，其实也还在艺术何为本身:"画不可有习气，习气一染，魔障生焉，即如石涛、金冬心画，本非正宗，习俗所贵，悬价以待，已可怪异。而一时学之者若狂，遂藉以谋衣食。吁! 画本士大夫陶情适性之具，苟不画则已矣，何必作此种种恶态。"这里所涉及到的问题，一个就是所谓的"习气"与"正宗"，另一个就是"陶情适性"与"谋衣食"问题。在"四王"一系看来，艺术一涉及逐利，必然会因利益所驱使而偏离本来的士人格调，受到了市井趣味的"习俗"所误导，走向某种"恶"趣味。这也是自居正宗者看待艺术的普遍态度。

具体到扬州的艺术生态，昔日扬州有民谚言"堂前无字画，不是旧人家"，可见艺术于此时商业繁荣的扬州而言，已是市民阶层居家必备的主要空间装饰了，更重要的是，文人画受到了普通人家刻意的追求，成为了一种自证身份与等级的符号。扬州历来富足，而明清更是繁荣，其最主要的就是盐商阶层的存在。对于士人阶层地位及等级、格调的向慕，使得扬州的盐商们主动地向士人阶级的趣味靠拢，也因此，盐商和扬州的画家们形成了一种相互依存的关系,扬州画坛也由此呈现出极为活跃的状态,最具代表性的,当然就是"扬州八怪"了!

所谓的"扬州八怪",其实并没有固定的八人,而是一种符号泛指,其主要在"怪",也就是与"四王"正宗的文人画有着不一样面貌的那些艺术形式。而具体表现出来的是一种雅俗共赏,只不过从其表现形式看,依然还属文人画的基本范畴,因其画者,本来就是文人出身。郑板桥《题画》言:"凡吾画兰画竹画石,用以慰天下之劳人,非以供天下之安享人也。"为俗而作,于"八怪"而言,已经不再刻意避开了。郑板桥更言:"写字作画是雅事,亦是俗事。大丈夫不能立功天地,字养生民,而以区区之笔墨供人玩好,非俗事而何?"已经是说的极为明确的了,书画若不能成为士大夫、儒者内圣外王的一种修炼,退而求其次,用以娱人耳目,又有何不可呢?

以"扬州八怪"为代表的画家大体上为三类人构成:一类是从市井生长起来的有着文人修养的画工出身者,如华嵒、黄慎及罗聘等;一类是功名未取一身布衣的文人画家,比如金农、汪士慎以及作为石涛晚年好友的高翔;另一类是致仕之后卖画扬州的一批旧官员,比如李方膺、李鱓及郑燮等。"扬州八怪"基本上以卖画为生,对于扬州市井的好尚新奇的审美趣味有着深刻的理解,因此在他们的画中,自然而然地与传统文人墨戏有着一定的区别,其艺术表现得更加的生活化,也更具新意和生机。也因此我们可以看到,石涛的"我自用我法"的绘画理论对于"扬州八怪"的吸引力之所在。如郑板桥在其《墨竹图》题跋中所言"凡吾画竹,无所师承,多得于纸窗、粉壁、日光、月影中耳",金农在《冬心自度曲》中言"予之所以作,自为己律",又其有《金农画竹题记序》言"年逾六十始学画竹,前贤竹派,不知有人,宅东西种植修篁约千万计，先生即以为师"之语，正是石涛"我自用我法"的具体表现。

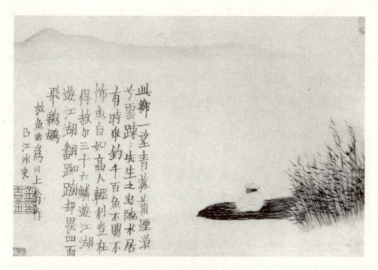

金农《杂画册》

而对于市井平民阶层而言，文人山水画与他们的审美之间是有着一定的距离的，因此作为卖画者的"扬州八怪"的绘画更多地选择了写意花鸟这一类更加贴近生活趣味的表现手段，题材也更多地选择了传统符号的梅兰竹菊四君子。故而，明代写意花鸟的重要人物特别地受到他们的推崇，比如徐渭。郑板桥、李方膺等人对徐渭可谓五体投地，《清史稿》中言郑板桥其人"慷慨啸傲，慕徐渭之为人"，而窦镇《国朝书画家笔录》中的李方膺则："不守矩矱，笔意在青藤、竹憨之间。"

"扬州八怪"的艺术修养总的来说都是较为全面的，比如金农（金冬心），就是其全面性的代表，其诗、书、画、印无一不精。其雄于金石长于漆书，画则出入各门类之间，山水、花鸟、人物、鞍马、肖像等等都有极高的成就，秦祖永《桐荫论

147

画》言："金寿门农襟怀高旷，目空古人，展其遗墨，另有一种奇古之气出人意表，真大家笔墨也。"其书画，多以拙朴之态。

郑板桥可以说是"八怪"中另一个重要的代表人物，其最著名的莫过于自成一格的写意墨竹。其墨竹的表现是以书入画的典型，他曾专门讨论过这一问题，如前所言画竹之法"多得于纸窗、粉壁、日光、月影"，又有"要知画法通书法，兰竹如同草隶然"之说，可见其书画互援的具体实践。金农在《自题双钩竹》中题跋有谈郑燮语："郑板桥进士，亦擅画竹，皆以其曾为七品官，人争购之。"这也就说明了两个问题，首先郑板桥所画竹子在当时是被认可的，第二就是其旧时官员的身份，使得其墨竹成为了市井追逐的目标，人皆以家有郑氏墨竹为荣，这也典型地体现了扬州艺术生态的基本状况。

"八怪"之中的另一些代表人物如华嵒之画兼工带写，工花鸟、山水、人物，力追古法。秦祖永《桐阴论画》中言其"笔意纵逸驰宕，粉碎虚空，种种神趣，无不领取毫端，独开生面"，作为画工出身职业画家，华嵒具备了极深文人素养，如《写秋云一抹》诗："孤情只爱写秋寒，便有秋声纸上流。更写白云三四笔，此中曾与故人游。"其诗文的成就是极为了得的，由此我们也可体味得到彼时艺术家的素养与努力。

李鱓则表现出另外的面目，其最主要的手段是大写意。《桐阴论画》中言其"李复堂鱓，纵横驰骋，不拘绳墨，自得天趣，颇具胜场……究嫌笔意躁动，不免霸悍之气"，郑板桥言李鱓在见了石涛画后法度大变，因作破笔破墨，而"画益奇"，其纵横霸悍之气，在"八怪"之中也显得极为特别。

其余如李方膺近李鱓而恣意近狂；罗聘师金农而近华嵒，也更贴近市井；高翔从石涛、弘仁笔意，病手后所作左手画更具别格。

扬州八怪之所以受到后人的喜欢，一来其画虽依然为文人画体系下的产物,却给人感觉与日常生活不再有太大的距离感,而"八怪"的人生态度,也更显得真实,在他们不讳言"利"这一点上,让人反而感觉到其可爱之处。李鱓《题画诗》中就直言画与金钱之间的生产关系:"画索其值,随人指点。或不出题目而索人高价,只得多费工夫,以奉迎索画者之心。"而郑板桥曾写有一条书画润格:"凡送礼物食品,总不如白银为妙。公之所送,未必弟之所好也。送现钱则心中喜乐,书画皆佳。"将金钱与画及生产者之间的关系以一种轻松调侃的方式事先张扬出来,这就是典型的郑板桥式的智慧了。

原典选读

［清］石涛《画语录》（节选）

一画章　第一

太古无法，太朴不散，太朴一散，而法立矣。法于何立？立于一画。一画者，众有之本，万象之根；见用于神，藏用于人，而世人不知，所以一画之法，乃自我立。立一画之法者，盖以无法生有法，以有法贯众法也。夫画者，从于心者也。山川、人物之秀错，鸟兽、草木之性情，池榭楼台之矩度，未能深入其理，曲尽其态，终未得一画之洪规也。行远登高，悉起肤寸。此一画收尽鸿蒙之外，即亿万万笔墨，未有不始于此而终于此，惟听人之握取之耳。人能以一画具体而微，意明笔透，腕不虚则画非是，画非是则腕不灵。动之以旋，润之以转，居之以旷。出如截，入如揭。能圆能方，能直能曲，能上能下。左右均齐，凸凹突兀，断截横斜，如水之就深，如火之炎上，自然而不容毫发强也。用无不神而法无不贯也。理无不入而态无不尽也。信手一挥，山川、人物、鸟兽、草木、池榭、楼台，取形用势，写生揣意，运情摹景，显露隐含，人不见其画之成，画不违其心之用。自太朴散而一画之法立矣。一画之法立而万物著矣。我故曰："吾道一以贯之。"

变化章　第三

古者识之具也。化者识其具而弗为也。具古以化，未见夫人也。尚憾其泥古不化者，是识拘之也。识拘于似则不广,故君子惟借古以开今也。又曰:"至人无法",非无法也,无法而法乃为至法。凡事有经必有权,有法必有化。一知其经,即变其权;一知其法,即功于化。夫画,天下变通之大法也,山川形势之精英也,古今造物之陶冶也,阴阳气度之流行也,借笔墨以写天地万物而陶泳乎我也。今人不明乎此,动则曰:"某家皴点,可以立脚;非似某家山水,不能传久。某家清淡,可以立品;非似某家工巧,只足娱人。"是我为某役,非某家为我用也。纵逼似某家,亦食某家残羹耳。于我何有哉!或有谓余曰:"某家博我也,某家约我也。我将于何门户?于何阶级?于何比拟?于何效验?于何点染?于何鞟皴?于何形势?能使我即古而古即我?如是者知有古而不知有我者也。我之为我,自有我在。古之须眉不能生在我之面目,古之肺腑,不能安入我之腹肠,我自发我之肺腑,揭我之须眉,纵有时触着某家,是某家就我也,非我故为某家也。天然授之也。我于古何师而不化之有?

笔墨章　第五

古之人有有笔有墨者,亦有有笔无墨者,亦有有墨无笔者,非山川之限于一偏,而人之赋受不齐也。墨之溅笔也以灵,笔之运墨也以神,墨非蒙养不灵,笔非生活不神,能受蒙养之灵,而不解生活之神,是有墨无笔也。能受生活之神,而不变蒙养之灵,是有笔无墨也。山川万物之具体,有反有正,有偏有侧,有聚有散,有近有远,有内有外,有虚有实。有断有连,有层次,有剥落,有丰致,有飘缈,此生活之大端也。故山川万物之荐灵于人,因人操此蒙养生活之权。苟非其然,焉能使笔墨之下,有胎有骨,有开有合,有体有用,有形有势,有拱有立,有蹲跳,有潜伏,有冲霄,有崱屴,有磅礴,有嵯峨,有奇峭,有险峻,——尽其灵而足其神?

运腕章　第六

或曰:"绘谱画训,章章发明,用笔用墨,处处精细。自古以来,从未有山海之形势,驾诸空言,托之同好。想大涤子性分太高,世外立法,不屑从浅近处下手耶?"异哉斯言也! 受之于远,得之最近;识之于近,役之于远。一画者,字画下手之浅近功夫也;变画者,用笔用墨之浅近法度也;山海者,一丘一壑之浅近张本也;形势者,皴之浅近纲领也。苟徒知方隅之识,则有方隅之张本。譬如方隅中有山焉,有峰焉,斯人也,得之一山,始终图之,得之一峰,始终不变。是山也,是峰也,转使脱骷雕凿于斯人之手,可乎不可乎? 且也形势不变,徒知皴之皮毛;画法不变,徒知形势之拘泥;蒙养不齐,徒知山川之结列;山林不备,徒知张本之空虚。欲化此四者,必先从运腕入手也。腕若虚灵则画能折变,笔如截揭则形不痴蒙。腕受实则沉著透澈,腕受虚则飞舞悠扬,腕受正则中直藏锋,腕受仄则欹斜尽致,腕受疾则操纵得势,腕受迟则拱揖有情,腕受化则浑合自然,腕受变则陆离谲怪,腕受奇则神工鬼斧,腕受神则川岳荐灵。

皴法章　第九

笔之于皴也,开生面也。山之为形万状,则其开面非一端。世人知其皴,失却生面,纵使皴也于山乎何有? 或石或土,徒写其石与土,此方隅之皴也,非山川自具之皴也。如山川自具之皴,则有峰名各异,体奇面生,具状不等,故皴法自别。有卷云皴也,擘斧皴,披麻皴、解索皴、鬼面皴、骷髅皴、乱柴皴、芝麻皴、金碧皴、玉屑皴、弹窝皴、矾头皴、没骨皴，皆是皴也。必因峰之体异，峰之面生，峰与皴合，皴自峰生。峰不能变皴之体用，皴却能资峰之形势。不得其峰何以变，不得其皴何以现？峰之变与不变，在于皴之现与不现。皴有是名，峰亦有是形。如天柱峰、明星峰、莲花峰、仙人峰、五老峰、七贤峰、云台峰、天马峰、狮子峰、峨眉峰、琅琊峰、金轮峰、香炉峰、小华峰、匹练峰、回雁峰，是峰也居其形，是皴也开其面。然于运墨操笔之时，又何待有峰皴之见。一画落纸，众画随之；一理才具，众理附之。审一画之来去，达众理之范围。山川之形势得定，古今之皴法不殊。山川之形势在画，画之蒙养在墨，墨之生活在操，操之作用在持。善操运者，内实而外空。因受一画之理而应诸万方，所以毫无悖谬。亦有内空而外实者，因法之化不假思索，外形已具而内不载也。是故古之人虚实中度，内外合操，画法变备，无疵无病。得蒙养之灵，运用之神。正则正，仄则仄，偏则偏侧。若夫面墙尘蔽而物障，有不生憎于造化者乎？

境界章　第十

分疆三叠两段，似乎山水之失，然有不失之者，如自然分疆者，"到江吴地尽，隔岸越山多"是也。每每写山水，如开辟分破，毫无生活，见之即知。分疆三叠者：一层地，二层树，三层山，望之何分远近？写此三叠奚啻印刻？两段者：景在下，山在上，俗以云在中，分明隔做两段。为此三者先要贯通一气，不可拘泥。分疆三叠两段，偏要突手作用，才见笔力，即入千峰万壑，俱无俗迹。为此三者入神，则于细碎有失，亦不疑矣。

新旧世界转换下的美术革命

19 世纪末至 20 世纪初对于中国来说，是一个新旧世界转换的时段，对于中国的历史进程而言，其复杂性和深刻性都是极为罕见的，曾经有过的文化自尊在这一时段风雨飘摇，"美术革命"就在这样的背景下适时地发生。

中国近世之画衰败了吗？

梁启超在 1902 年的《释革》一文中，就已经对这一时代有了强烈的感受，在他看来，社会变革已是难以避免，而其更可能的是以"革命"之手段，如"革之云者，必一变其群治之情状，而使幡然有以异于昔日"。梁启超详述中国之"革"曰：

"中国数年以前，仁人志士之所奔走所呼号，则曰改革而已。比年外患日益剧，内腐日益甚，民智程度亦渐增进，浸润于达哲之理想，逼迫于世界之大势，于是咸知非变革不足以救中国。……新民子曰：革命者，天演界中不可逃避之公例也。凡物适于外境界者存，不适于外境界者灭，一存一灭之间，学者谓之淘汰……淘汰复有二种：曰'天然淘汰'，曰'人事淘汰'。"(1902 年 12 月 14 日，《新民丛刊》)

这里面，所谓的革命在他看来，实际上就是一种历史必然的淘汰法则。而其讨论的重点,虽认为淘汰也分"天然淘汰"与"人事淘汰",但话语中实际落实的,却在"人事淘汰"一说中。从这一历史淘汰法则出发,所涉及的范畴涵括了人的群体活动所存在的生活系统之万事万物,在宗教谓之宗教革命,在道德则为道德革命,于学术为学术革命,于文学为文学革命,于风俗为风俗革命,于产业则有产业革命。而具体到中国,则:

"即今日中国新学小生之恒言,固有所谓经学革命,史学革命,文界革命,诗界革命,曲界革命,小说界革命,音乐界革命,文字革命等种种名词矣。若此者,岂尝与朝廷政府有毫发之关系,而皆不得不谓之革命。闻'革命'二字则骇,而不知其本义实变革而已。革命可骇,则变革其亦可骇耶?呜呼,其亦不思而已!"

梁氏语下之"革"所涉范畴为经学、史学、文界、诗界、曲界、小说界、音乐界、文字,虽语未言艺术,但语境之中,亦应包含。

而一场艺术历史进程的巨变,已然在悄然展开。

1917 年,对于中国思想界、艺术界的意义是极为重要的,在这一年,康有为发出了他对中国传统艺术的悲叹,所谓"中国近世之画衰败极矣"(《万木草堂藏画目》),而陈独秀更是在这一年明确提出"文学革命"主张,蔡元培则在这一年发表了《以美育代宗教说》一文。

对于中国近代史而言,康、陈、蔡诸人在中国的社会思想变革中都发挥着重要的作用。中国艺术在这一社会大变局之中,充当了一回改变社会进程和方向的工具,而对于中国艺术而言,在这一变局之中,其本身的发展也发生了亘古未遇、翻天覆地的改变。如果说在此之前中国的"艺术之变"是温和、渐进的,那么在此刻,"革命"的艺术转向,就是颠覆性的一种表现。1918 年陈独秀与美学家吕澂所擎起的以"美术革命"为旗帜的讨论，就是这一艺术革命进程的里程碑。

但若考察这一"美术革命"的发生，则首先要面对的就是"美术"这一说法，这一词语在 20 世纪以前的中国，并未在中国人的话语中出现。"美术"一词，本来就是外来语，它所承载的，正是一种新的艺术精神的所在。

"美术"一词在中国话语里出现，本自日语，最早见于王国维 1902 年出版的译作《伦理学》的附录的术语表上。

而最早使用"美术"一词的王国维，于 1906 年发表的《去毒篇》中则提出了一个极为重要的可能：

"吾人之奖励宗教，为下流社会言之，此由其性质及位置上有不得不如是者。何则？国家固不能令人人受高等之教育，即令能之，其如国民之智力不尽适何？若夫上流社会，则其知识既广，其希望亦较多，故宗教之对彼，其势力不能如对下流社会之大，而彼等之慰藉，不得不求诸美术。美术者，上流社会之宗教也。……而雕刻、绘画、音乐、文学等，彼等果有解之之能力，则所以慰藉彼者，世固无以过之。何则？吾人对宗教之兴味，存于未来，而对美术之兴味，存于现在。故宗教之慰藉，理想的，而美术之慰藉，现实的也。而美术之慰藉中，尤以文学为尤大。何则？雕刻、图画等，其物既不易得，而好之之误，则留意于物之弊固所不能免也。若文学者，则求之书籍而已无不足，其普遍便利，决非他美术所能及也。"

在王国维这里，"美术"实际上是一个大范畴的说法，包含了雕刻、绘画、音乐、文学等文化行为，虽则在定义上尚不清晰，但在其间却涉及到了一个重要的问题，即"美术"对于"人"的作用，而其中更有与宗教之比较，也有不同层面的阐述。所谓美术为上流社会之宗教一说，是将美术从属于宗教范畴的。而将"宗教"与"未来"、"美术"与"现在"相系,则得出了宗教对人的慰藉功能的理想状态,而"美术"对人的慰藉,更多地落在"现实"之中,从这一阐述而言,在王国维看来,则宗教与美术其实是分饰两角的。

蔡元培的《美术的起源》中,给了"美术"以明晰的定义:

"美术有狭义的,广义的。狭义的,是专指建筑、造像(雕刻)、图画与工艺美术(包括装饰品等)。广义的,是于上列各种美术外,又包含文学、音乐、舞蹈等。西洋人著的美术史,用狭义;美学或美术学,用广义。"

这一时代的思想者们,对于艺术一事,开始有了溢出审美、精神的思考,而涉及了时代的变革层面,比如康有为、王国维、蔡元培等。

康有为在 1905 年的《物质救国论》中对"绘画"的社会功效已经有所讨论,比之梁启超的历史淘汰法则,有着更为深刻的看法,并不仅仅只是某一事物本身的"变革",而是发生了功能的转换:

"绘画之学,为各学之本,国人视为无用。岂知一切工商之品,文明之具,皆赖画以发明之。……若画不精,则工品拙劣,难于销流,而理财无从始也。文明之具,亦立国所同竞,而不可以质野立于新世互争之时者也。故画学不可不至精也。"

在这里,"绘画"在康有为看来,与文治教化有着直接的联系,甚至上升为立国之基,而这其实已经近似于后来蔡元培所提出的"以美育代宗教说"。但两者,还是有着本质区别的。康有为之说重点在求利,即所谓"物质救国论","绘画"不过是其借助之途,而蔡元培则将其落在精神塑造层面,即用一个泛指的"美",试图用其取代已不再适应时代发展的中国社会之宗教。

蔡元培在其 1917 年所发表的《以美育代宗教说》中就针对剧变下的中国的精神状况，提出了对于教育的自己的思考。在他看来，美术和美育之间存在着相当的差异性，美育所涉及的层面更广，除了建筑、雕刻、图画、音乐、文学之外，更涵盖了"美术馆的设置，剧场与影戏院的管理，园林的点缀，公墓的经营，市乡的布置，个人的谈话与容止，社会的组织与演进，凡有美化的程度者，均在所包，而自然之美，尤供利用"，而这些，都不是"美术"二字所能承载得了的。这一几乎涉及到了人的基本社会活动层面的范畴的"美育"的作用，在他的教育理想中，是可以完全用来替代宗教的作用的。而旧时之宗教在他看来虽兼含着智育、德育、体育、美育的元素，但从社会的发展来看，近代科学发达以后，有关自然历史、社会状况以及科学的研究，也完全溢出了宗教的方法体系，因此，以另外的手段替代宗教的社会作用，就变得极为迫切了。"现代人的道德，须合于现代的社会"，因此，在他看来：

"一、美育是自由的，而宗教是强制的；二、美育是进步的，而宗教是保守的；三、美育是普及的，而宗教是有界的。

因为宗教中美育的原素虽不朽，而既认为宗教的一部分，则往往引起审美者的联想，使彼受智育、德育诸部分的影响，而不能为纯粹的美感，故不能以宗教充美育，而止能以美育代宗教。"

作为中国近当代最伟大教育家之一的蔡元培，在此后的 1920、1921 年短短的两年间，更是先后发表了《何谓文化》《美术的进化》《美学的进化》《美学与科学的关系》《美学的研究法》等文章，可见，以"美术"为最主要表现的"美育"，在蔡元培的教育思想体系里，是占据着极为重要的地位的。

美术革命之提出

在这种思想界、教育界对于"美术"与"美育"展开全方位的社会学思考的状况底下,对中国艺术历史进程产生里程碑式巨变的"美术革命"的发生,就变得顺理成章了。

在这个艺术历史的进程中,出现了很多在那一时代影响深刻并对此后中国艺术发展起到旗帜性作用的思想家、教育家和艺术家,这其中比较主要的人物有陈独秀、吕澂、鲁迅、陈师曾、徐悲鸿、刘海粟、林风眠等。

"美术革命"一说最早见于吕澂和陈独秀 1918 年于《新青年》上刊发的书信问答,这一"美术革命"的矛头,直接指向以文人画为代表的中国传统绘画,而其解决之方法及途径,则试图用以西方绘画之精神。其发端,也自有因由。

鲁迅就认为于今而言,须"置古事不道,别求新声于异帮",而其之所以必须,则因以此法行之,"外之既不后于世界之思潮,内之乃弗失固有之血脉:取今复古,别立新宗,人生意义,致之深邃,则国人之自觉至,个性张,沙聚之邦由是转为人国……乃始雄厉无前,屹然独见于天下"。

关于中国传统艺术的问题,康有为在其《万木草堂所藏中国画目》中,有着极具时代目的性的思考,他认为"中国近世之画衰败极矣"主要就是由于中国自宋以后的艺术表现者对何为绘画本身,在其理论和追求上出现了很大的问题,因此,要重建中国绘画的精神核心,就必须"正其本,探其始,明其训"。

他于是从艺术的发生出发,探究中国上古的视觉艺术追求,也即画以象形类物以及其鉴诫作用,"惟中国近世以禅入画,自王维作《雪里芭蕉》始,后人误尊之。苏、米拨弃形似,倡为士气"。他认为这种对于士大夫画的过度拔高,使得中国绘画陷入了歧途,因此必须让中国绘画回归到形神兼备的艺术追求上,应以院体画及其艺术表现、追求为中国艺术之正途,也即"以形神为主而不取写意,以着色界画为正,而以墨笔粗简者为别派;士气固可贵,而以院体为画正法。庶救五百年来偏谬之画论,而中国之画乃可医而有进取也"。

在他看来,唐代绘画精深妙丽实不及宋人。王维虽为后人推崇为山水画始创者,但实际上山水画是经由五代诸家才最终成型。而五代时期的荆、关、董、巨的山水,徐熙、黄筌、周文矩的花鸟人物,贯休的佛像异兽,"皆冠百代,为画宗师,盛矣哉! 五代之画也",可以说是中国传统绘画艺术由"质"的追求转向更加注重精神层面的"文"的关键,也就是所谓"由质而文之导师也"。其结果,就是开创了两宋绘画的这一中国传统艺术的最高峰,"无体不备,无美不臻",可谓极其称颂。在康有为看来,宋代绘画中"院体争奇竞新"的表现,是远过于十五世纪之前的欧洲绘画的,中国自两宋前,画皆象形,虽注重对于气韵生动的追求,但实际上却是极尚逼真的,从这一点看,在当时可谓"大地万国之最"了。

康有为认为,而自苏轼以后,中国传统艺术开始走入批判形似而贵意境的绝对之中,苏轼之"以禅品画",元四家之"高士逸笔,大发写意之论",于此间"论画之书,皆为写意之说,摈呵写形界画,斥为匠体",而至明清两朝,更是盲目追随,将其奉为金科玉律,不敢稍背绳墨,就好像是一群瞎子在喋喋不休地讨论太阳为何物一般,实为可笑,"自作画囚"。这种只知规迫于前人模山范水的做法,实为中国画学衰败根源所在,而其最过分的典型,莫过于明末清初的"四王"及其此后的追随者。

因此，康有为认为，中国的绘画，已经是到了必须进行变法的时候了，在其《欧洲十一国游记》中就大声疾呼"吾国画疏浅，远不如之。此事亦当变法"，而与其在《物质救国论》中的说法一致，康有为在此认为，绘画一事，"非止文明所关，工商业系于画者甚重"，因此应该派学生到意大利进行留学。因为在意大利文艺复兴以前，中国的绘画在世界上是远远领先的，而在以后，则呈退步、退化之势，其原因就在于"彼则求真，我求不真"。

鲁迅在其1913年发表于《教育部编纂处月刊》的《拟播布美术意见书》一文中就谈到了美术之目的与致用，即一可以表见文化；二可以辅翼道德；三则可以救援经济。可见在这一阶段，思想者对于艺术的功用的思考是具备相当的一致性的。

而陈独秀于1915年10月15日《新青年》第一卷第二号《今日之教育方针》中针对近代欧洲文明各个领域的核心价值与中国的现状提出了自己的看法。在他看来近世欧洲之时代精神，在伦理道德上为"乐利主义"，于政治上则以追求多数人幸福为宗旨，在哲学上以经验论、唯物论为其思考的根本，而思考宗教问题者则更多落在无神论上，而于文学、美术等人文表现上，则以写实主义、自然主义为其最主要的表现。因此"一切思想行为，莫不植基于现实生活之上。……现实主义，诚今世贫弱国民教育之第一方针矣"。在他看来，中国传统艺术的表现形式，过多纠结在某种个人性的精神世界里，早就失去了以现实"入世"的表现，因此应该做出某些改变，以"召唤一个在宋元以后中国艺术中失去了的入世精神"。从陈独秀的这些思考中，我们也就能理解，当他接到吕澂的来信后，那种"不胜大喜欢迎之至"的心情。

1918 年 1 月 15 日的《新青年》刊发的吕澂和陈独秀的书信问答无疑是中国艺术历史的大事件，可以说，在某种程度上，它就是一篇中国艺术革命的檄文，"美术革命"于是真正展开了它之于中国艺术历史的进程。

1917 年底，作为有过留日学习经验的画家吕澂给创刊才几年但已经在当时的中国思想界产生了相当影响的《新青年》创办者陈独秀一封后来在 1918 年 1 月 15 日《新青年》6 卷一号上以《美术革命》为题刊发的通信，与此同时刊发的还有陈独秀对这一来信的回复。这可以说是关于"美术革命"这一问题的一次最早也较为深入的思想探讨。

吕、陈之论虽都由同一个具体问题展开，但双方所希望的"美术革命"，所落实的重点却又有所不同。吕澂试图从艺术发展的学理入手，而陈独秀即试图革以"四王"为代表的文人山水的命，可以说，他们涉及到了当时的艺术界和思想界关于这一问题的不同关注点和不同层面的思考。

吕澂的问题主要落在了对于何为美术的辨知，也即中西艺术的体系及发展的辨析上，而这一阶段的中国艺术究竟该何处去，选择何种发展的方向实际上并不是他主要的讨论，因为在其看来，首先要做的其实是一种对于艺术发展的清晰认识，而其中又关涉四事：

"阐明美术之范围与实质，使恒人晓然美术所以为美术者何在，其一事也。阐明有唐以来绘画雕塑建筑之源流理法（自唐世佛教大盛而后，我国雕塑与建筑之改革，亦颇可观，惜无人研究之耳），使恒人知我国固有之美术如何，此又一事也。阐明欧美美术之变迁，与夫现在各新派之真相，使恒人知美术界大势之所趋向，此又一事也。即以美术真谛之学说，印证东西新旧各种美术，得其真正之是非，而使有志美术者，各能求其归宿而发明光大之，此又一事也。"

　　这其中,其一为何为美术问题;二为作为根本的中国艺术自唐以来的流变、传统之所在;三为对于欧美艺术的流变的清晰认识;最后则在前三者的认识上,进行相互印证,以求发扬光大。

　　吕澂就这一问题的展开在逻辑上是极为清晰的,对于艺术发展,他的认识更多的落在画"理"上,而在他看来,中国一直以来在绘画上的问题就在于对于画理认识的不清晰上,此前习于绘画一途者,非文士即画工,雅者太雅,而俗者过俗,都走了极端。而近代以来,西画东输之后,"美育之说,渐渐流传,乃俗士莺利,无微不至,徒袭西画之皮毛,一变而为艳俗,以迎合庸众好色之心。驯至今日,言绘画者,亦几无不以此类不合理之绘画为能"。这种画理未明徒具皮毛的模仿,在他看来同样是艺术走入歧途之举,如果这样一直发展下去,必然最后使得人们的审美格调、情操品味,"悉失其正养,而变思想为卑鄙龌龊而后已",这无疑将是极为严重的后果。而"美术革命"的呼吁,其目的正是通过这样的手段,使得社会知晓美术正途之所在,让视听一新,嗜好渐变,若能做到这一点,以美育之潜移默化而改变民智之功效必然不难期待。

　　也因此,吕澂寄希望于像《新青年》这样以开启民智为己任的刊物,能够承担其一如意大利未来主义的先行者诗人玛梨难蒂(即马里内蒂 Malineidi,1909 年在法国《费加罗报》发表了《未来主义的创立和宣言》)及其诗刊那样的角色,为中国的艺术发展做出自己的贡献,因为"主持言论者,大率随波逐流,其能作远大计,而涉及艺术问题者,独见一贯杂志耳"。

　　吕澂的"美术革命"一说的提出,对陈独秀来说恰当其时,正所谓"不胜大喜欢迎之至"了。而针对吕澂所提出的艺术学理的梳理,陈独秀虽认可其有关绘画四事之议论透辟,但却突出了自己所认为的更为迫切的做法,矛头更为具体地指向了"中国画",认为"若想把中国画改良,首先要革王画的命。因为要改良中国画,断不能不采用洋画的写实精神",重点落在了"写实精神"之上。

而所谓的革"王画"的命,说的正是以清初四王为代表的文人山水画,也就是自元四家经明、清一路而来的中国传统艺术的话语主流。他认为"自从学士派鄙薄院画,专重写意,不尚肖物。这种风气,一倡于元末的倪黄,再倡于明代的文沈,到了清朝的三王(笔者注:指王时敏、王鉴与王原祁)更是变本加厉",而"王画"在陈独秀看来,就是阻碍中国画发展的最大障碍,是不折不扣的"恶画",其中更以王翚为甚。其具体的表现就是极少看到有主动性"画题"的创作,大多数的山水画都只是采用了"临"、"摹"、"仿"、"抚"四种手段来复写古画,有着自己面目的创作却几乎没有。绘画作为 纯艺术作品,创作和描写的技能总是需要的,还有表达上的自由,而关键则要能表现出艺术之美。因此,陈独秀认为必须要有非常的手段,对于"四王","像这样的画学正宗,像这样社会上盲目崇拜的偶像,若不打倒,实是输入写实主义,改良中国画的最大障碍"。

在陈独秀的这一美术革命的檄文里,颇为奇怪的是,从其对"学士派"鄙薄院画而重写意、轻肖物的批判来看,作为倡说"南北宗论"的董其昌本该出现在他的矛头所在。若从树立所谓文人画画学正宗、塑建偶像的角度看,董其昌的作用无疑更为重要,于此倒被轻易放过。这或许是值得进行专文讨论的一个艺术史问题。

"美术革命"这一口号于是借由思想的传播在历史的进程中被中国艺术界用各种方式所演绎及实践着,成为了中国艺术精神的又一次涅槃。

现代艺术理想的践行者

以自然科学方法入美术,正是其时多数中国艺术实践者的践行方式。在这一点上,美术革命真正的实践者莫过于这一时代的艺术家们,其中在这一艺术理想的践行中影响较深的当属徐悲鸿、刘海粟、陈师曾以及稍晚的林风眠、庞薰琹等。

在这一时段里,从北京到上海等地,中国艺术家通过个人或团体的活动践行这一"美术革命"的理想。这期间一些主要的艺术社团的努力与影响,在此后影响深远,其中较有代表性的如于 1918 年成立的北大画法研究会;1919 年于上海由刘海粟、丁悚、王济远等创立的天马会;1920 年由金城、陈师曾等创立的中国画学研究会;1929 年由林风眠、吴大羽等创立的艺术运动社;1932 年由庞薰琹、倪贻德等创立的决澜社,发表的《决澜社宣言》等。在这些艺术实践中,作为群体行为的这些艺术团体,都有着自己关于艺术何为的思考,而这些思考与康有为、梁启超、鲁迅、陈独秀、吕澂等思想者一直以来的努力是分不开的。

在同一年的 10 月 22 日,蔡元培在北大画法研究会做了演说,其所涉及的内容与吕澂、陈独秀等精神暗合,而其话语也一贯地有着蔡元培式的温和与绵里藏针:

"中国绘画始自临模,外国绘画始自实写。……西人之重视自然科学如此,故美术亦从描写实物入手。今世为东西文化融合时代。西洋之所长,吾国自当采用。……又昔人学画,非文人名士任意图写,即工匠技师刻画模仿。今吾辈学画，当用研究科学的方法贯注之。除去名士派毫不经心之习，革除工匠派据守成见之讥，用科学方法以入美术。"

徐悲鸿于 1918 年 5 月 14 日在北大画法研究会所做《中国画改良之方法》的演讲中，已经看到了中国画学的问题所在，其给出的方法却在于"改良"，与作为激进思想者的陈独秀的"美术革命"有所区别，这或许是一个思想家、政治家、社会活动家与美术教育家、艺术家考虑的差异所在："中国画学之颓败，至今日已极矣……古法之佳者守之，垂绝者继之，不佳者改之，未足者增之，西方画之可采入者融之。"作为极受康有为欣赏的弟子，从其渐进式的艺术改良论看，康有为的改良思想以及其对于中国绘画的态度之于徐悲鸿而言，无疑是有着深刻影响的。

二十年代中国影响最为重要的艺术团体非天马会莫属，其发展最为高峰时期，会员竟多达二百余人，较为主要的参与者有最初的发起者江小鹣、丁悚、刘海粟等以及高剑父、王一亭、李毅士、朱屺瞻、李金发、潘天寿、王济远等当时中国艺术界的活跃者。

1922 年，康有为参观"天马会"画展，对早于 1912 年就与乌始光、张聿光等共同创办上海图画美术院（后改名上海美术专科学校）的刘海粟的艺术表现极其欣赏，更畅言以鼓励，认为中国绘画于元明之后高谈写神弃形而致中国画衰败："今宜取欧画写形之精，以补吾国之短。刘君海粟开创美术学校，内合中西。他日必有英才，合中西成新体考其在斯乎？"

天马会前后举办了八次大型画展，在刘海粟《天马会究竟是什么》中就自信认为，"近来国中美术展览会之蓬勃，多起源于天马会"，可以说是中国美术展览历史的主要开端之一。在文中，刘海粟更阐述了天马会的五大主张："一、发挥人类之特性,涵养人类之美感;二、随着时代的进化,研究艺术;三、拿'美的态度'创作艺术,开展艺术之社会,实现美的人生;四、反对保守的艺术,模仿的艺术;五、反对以游戏态度来玩赏艺术。"可以说这样的艺术运动态度是极为鲜明的。王济远就以"艺术运动的劳动者"来形容这些艺术践行者。在《天马会筹办六届画展的经过》中王济远就详尽叙述了这一以展览的形式张开的艺术研究团体的艰辛和努力:"天马会是研究艺术的独立机关,也就是研究艺术的同志精神综合的集会,更可以说是从事艺术运动的劳动者的结晶体。自民国八年产生以来,几经艰困,历年会务的进行上,既未得公款分文津贴,亦未向外界募集分文资助。历届举行绘画展览会,虽属所费不资,都由各会员勉力担负,以谋艺术的精进……"

在这个美术革命的进程中,陈师曾的努力显得极为特殊,他的主张更像是改良而非革命,他认为我国山水画对于光线远近的表现,与西洋画相比是颇有不足的,因此必须利用西方画法予以补救。在这种上下大喊革"四王画"的命的大背景下,陈师曾深刻地思考了文人画的价值所在。在其《中国绘画史》中,他给出了一个概念:"何谓文人画?即画中带有文人之性质,含有文人之趣味,不在画中考究艺术上之工夫,必须于画外看出许多文人之感想,此之所谓文人画。"而在他看来,"四王"之画在清代的统治是有充分理由的:"一,四王之画气魄沈雄,风韵悠远流长,诚足楷模一代,此其一也。二,当时言书法者,皆宗松雪香光,言诗者率崇梅邨、渔洋、牧斋、竹垞,而四王之画可与成联络之势,可知文学美术关系之故,亦风会使然,此其二也。若夫前之所谓帝王提倡于上,徒党号召于下,遂使靡然从风,此其下焉者也。"(《中国绘画史》)

　　"四王"之画与书法、文学本有联系,其影响并不仅仅只是在绘画上面。实际上我们已经很难在文人士大夫阶层的艺术活动里分清诗、书、画、文的清晰界线。就算是与平民生活密切相关,不再耻于言利的"扬州八怪"一脉的艺术生活中,也难分得清楚,这种艺术观念,已经深植于中国传统精神里面了。

　　因此而言,随着美术革命的提出,其实践的艰难也是必然的。在美术革命的进程中,我们可以看到固守或保护传统者的存在,比如1918年与周肇祥、陈师曾等筹建中国画学研究会的金城。金城对于"美术革命"是持反对态度的,在他看来,数千年的传统岂是可以被轻易颠覆的,陈独秀、吕澂们所提倡的美术革命在他看来,是对传统的一种背叛。而对于金城们固守传统这一点,年轻的林风眠的反应是激烈的,1929年,他在《艺术运动社宣言》中写道:"凡是头脑清醒者都知道,艺术是随时代思潮而变迁的。……时至今日而犹以传统艺术为尚的人,无异置艺术之死地。"

　　而作为艺术实践者和教育家的刘海粟,其思考的问题和角度最终落在了人的个体之上。在1936年《艺术革命观——给青年画家》中,刘海粟就主张"艺术之表现,在尊重个性",中国艺术史上的这一次美术革命,似乎又回到了艺术的某个具体的点上。

原典选读

吕澂(信)《美术革命》

　　记者足下：贵杂志夙以改革文学为宗，时及诗歌戏曲青年读者，感受极深，甚盛甚盛。窃谓今日之诗歌戏曲；固宜改革；与二者并列于艺术之美术，（凡物象为美之所寄者，皆为艺术 Art，其中绘画雕塑建筑三者，必具一定形体于空间，可别称为美术 Fine Art，此通行之区别也。我国人多昧于此，尝以一切工巧为艺术，而混称空间时间艺术为美术，此犹可说：至有连图画美术为言者，则真不知所云矣。）尤极宜革命。且其事亦贵杂志所当提倡者也，十载之前意大利诗人玛梨难蒂氏刊行诗歌杂志，鼓吹未来新艺术主义，亦但肇端文词，而其影响首著于绘画雕刻。今人言未来派，至有忘其文学上之运动者。此何以故？文学与美术，皆所以发表思想与感情，为其根本主义者唯一，势自不容偏有荣枯也。我国今日文艺之待改革，有似当年之意，而美术之衰弊，则更有甚焉者。姑就绘画一端言之：自昔习画者，非文士即画工，雅俗过当，恒人莫由知所谓美焉。近年西画东输，学校肆习；美育之说，渐渐流传，乃俗士莺利，无微不至，徒袭西画之皮毛，一变而为艳俗，以迎合庸众好色之心。国至今日，言绘画者，莫不推商家用为号招之仕女画为上，其自居为画家者亦几无不以此类不合理之绘画为能。（海上画工，唯此种画间能成巧；然其面目不别阴阳，四肢不称全体，则比比是。盖美术解剖学，纯非所知也。至于画题，全从引起肉感设想，尤堪叹息。）充其极必使恒人之美情，悉失其正养，而变思想为卑鄙龌龊而后已。乃今之社会，竟无人洞见其非，反容其立学校，刊杂志，以似是而非之教授,一知半解之言论,贻害青年。(此等画工,本不知美术为何物。其于美术教育之说,更无论矣。其刊行之杂志,学艺栏所载,皆拉杂浮廓之谈,且竟有直行抄袭以成者,又杂姐载答问,竟谓西洋画无派别可言。浅学武断,为害何限。)一若美育之事,即在斯焉。呜乎!我国美术之弊,盖莫甚于今日,诚不可不亟加革命也。革命之道何由始?曰:阐明美术之范围与实质,使恒人晓然美术所以为美术者何在,其事也。阐明有唐以来绘画雕塑建筑之源流理法(自唐世佛教大盛而后,我国雕塑与建筑之改革,亦颇可观,惜无人研究之耳),使恒人知我国固有之美术如何,此又一事也。阐明欧美美术之变迁,与夫现在各新派之真相,使恒人知美术界大势之所趋向,此又一事也。即以美术真谛之学说,印证东西新旧各种美术,得其真正之是非,而使有志美术者,各能求其归宿而发明光大之,此又一事也。使此数事尽明,则社会知美术正途所在,视听一新,嗜好渐变;而后陋俗之徒不足辟,美育之效不难期矣。然提倡此数事者,仍属于言论界。方今习俗轻薄,人事淆然;主持言论者,大率随波逐流,其能作远大计,而涉及艺术问题者,独见一贵杂志耳。贵杂志其亦用其余力,引美术革命为己责,而为第二之意大利诗歌杂志乎,其利所及实非一人一时己,杂陈鄙意,幸加明教。此颂撰安。

陈独秀(复信).《美术革命》

本志对于医学和美术,久欲详论;只因没有专门家担任,至今还未说到。现在得了足下的来函,对于美术(特于绘画一项)议论透辟,不胜大喜欢迎之至。足下能将对于中国现在制作的美术品详加评论,寄赠本志发表,引起社会的讨论,那就越发感谢了。说起美术革命来,鄙人对于绘画,也有点意见，早就想说了；如今藉着这个机会，正好发表出来，以供国内画家的讨论。若想把中国画改良，首先要革王画的命。因为改良中国画，断不能不采用洋画的写实的精神。这是什么理由呢？譬如文学家必用写实主义，才能够采古人的技术，发挥自己的天才，做自己的文章，不是抄古人的文章。画家也必须用写实主义，才能够发挥自己的天才，画自己的画，不落古人的窠白。中国画在南北宋及之初时代，那描摹刻画人物禽兽楼台花木的功夫还有点和写实主义相近。自从学士派鄙薄院画，专重写意，不尚肖物。这种风气，一倡于元末的倪黄，再倡于明代的文沈，到了清朝的三王更是变本加厉。人家说王石谷的画是中国画的集大成，我说王石谷的画是倪黄文沈一派中国恶画的总结束。谭叫天的京调，王石谷的山水，是北京城里人的两大迷信，是神圣不可侵犯的，是不许人说半句不好的。绘画虽然是纯艺术的作品，总也要有创作的天才和描写的技能，能表现一种艺术的美，才算是好。我家所藏和见过的王画，不下二百多件，内中有"画题"的不到十分之一，大概都用那"临"、"摹"、"仿""抚"四大本领，复写古画，自家创作的，简直可以说没有，这就是王派留在画界最大 的恶影响。倒是后来的扬州八怪，还有自由描写的天才，社会上却看不起他们，却要把王画当作画学正宗。说起描写的技能来，王派画不但远不及宋元，并赶不上同时的吴墨井（吴是天主教徒，他画法的布景写物，颇受了洋画的影响），像这样的画学正宗，像这样社会上盲目崇拜的偶像，若不打倒，实是输入写实主义，改良中国画的最大障碍。至于上海新流行的仕女画，他那幼稚和荒谬的地方，和男女拆白党演的新剧，和不懂西文的桐城派古文宗译的新小说，好像是一母所生的三个怪物。要把这三个怪物当作新文艺，不禁为新文艺放声一哭此复还求赐教。